I.

All'inizio erano loro e basta. Io non appartenevo a quel circolo ristretto di ragazze, che potevo osservare solo da lontano. Erano irraggiungibili come quei luoghi esotici ritratti nelle cartoline, paradisi proibiti che non avrei mai avuto la possibilità di visitare. Le spiavo, spavalde e decisamente uniche, mentre salivano i gradini di marmo della scuola con i mocassini lucidi e le calze trasparenti che lasciavano intuire gambe depilate, un'accortezza estetica che solo poche di noi avevano avuto il coraggio di adottare. Loro invece non erano mai intimorite. Attraversavano il cortile con noncuranza, sfilando davanti allo sguardo severo del capoccione in bronzo di Giulio Cesare, messo lí a ricordare le inflessibili aspirazioni dei nostri genitori quando ci avevano iscritti in quel rigido liceo classico. Con la stessa disinvoltura ignoravano gli stormi di maschi appollaiati sulla scala in attesa di vederle passare. I poveretti le fissavano senza speranza, già sapendo di non poter esibire nessuna delle qualità indispensabili per conquistare anche solo un lampo della loro attenzione. Erano inadeguati, immaturi, di certo coetanei secondo l'anagrafe e appartenenti alla razza umana, ma per la misteriosa legge che separa i generi sembravano ancora cuccioli della specie, con le zampe grosse e la puzza di latte che si avvertiva a distanza.

Per la verità, neanche io e nessuna delle altre che non

erano loro, seppure piú sveglie e navigate dei maschi, possedevamo quello stato di grazia che tanto invidiavamo. Loro erano loro e basta. Non facevano parte dello stesso panorama, come se qualcuno le avesse ritagliate da un'altra fotografia e incollate malamente nel nostro misero mondo. E infatti si mischiavano il meno possibile con il resto del paesaggio. Dalla mia lontananza siderale le vedevo parlottare a bassa voce e lanciarsi occhiate d'intesa interrotte da piccole risate nervose, simili a una partitura musicale.

Prima di loro pensavo che la vita futura sarebbe stata quella apparecchiata da tempo per me, scritta in una specie di libro del destino dove tutto si svolgeva come in una commedia teatrale, bisognava soltanto imparare a memoria il solito copione e diventare adulti sotto lo sguardo compiaciuto dei genitori. Le deviazioni non erano previste. In fondo non era difficile, bastava rimanere sui binari e lasciarsi andare. Poi, per fortuna, quando sono apparse loro il deragliamento mi è subito sembrata la cosa piú desiderabile ed entrare in quel cerchio magico è diventata la mia ossessione.

Guardandole all'uscita di scuola mia madre, dall'alto della sua impeccabile permanente, aveva sentenziato sicura: «Quelle finiscono male...» Ed era proprio per questa ragione che mi piacevano cosí tanto. Lei, mia madre, non poteva immaginare che sarei passata sul suo cadavere pur di farmele amiche.

Per ora non osavo farmi avanti. Mi sentivo ancora troppo goffa e imbranata per un incontro ravvicinato. Appena sbucavano all'orizzonte mi batteva forte il cuore, piú di quando Tommaso provava a tastarmi le tette, trincerate sotto la corazza del primo reggipetto. Quella con Tommaso era solo un surrogato di relazione, e stavo ancora decidendo se valeva la pena di perdere la verginità tra le sue braccia.

Einaudi. Stile Libero Big

Serena Dandini
C'era la luna

Einaudi

Pubblicato in accordo con S&P Literary - Agenzia letteraria Sosia & Pistoia

www.einaudi.it

ISBN 978-88-06-25644-9

C'era la luna

a Maura, una di noi

Non era previsto che avessimo un futuro, era previsto che lo sposassimo.

NORA EPHRON

Questo mondo cosí com'è fatto non è sopportabile. Ho bisogno della luna, o della felicità o dell'immortalità, di qualcosa che sia demente forse, ma che non sia di questo mondo.

ALBERT CAMUS

Sono una piccola ape furibonda.

ALDA MERINI

Non era abbastanza alto e aveva una barba sparuta che a fatica copriva le minuscole cicatrici di una colpevole acne giovanile, ma mi piacevano il suo ciuffo ribelle alla James Dean e gli occhi buoni... forse troppo buoni. Comunque, la sua virtú principale era quella di essere già al liceo, il livello superiore, la meta ambita da noi ginnasiali che scalpitavamo per farci largo nel girone dei piú grandi e abbandonare il marchio d'infamia delle medie impresso sui nostri volti.

Anche loro erano in prima liceo, nella mia stessa sezione, quella di francese. La scelta era stata di mia madre e non l'avevo ancora digerita. Avrei preferito inglese, la lingua dei sogni, che già credevo di conoscere intonando maldestramente le canzoni che arrivavano d'oltremanica come regali preziosi. Non capivamo bene le parole di questi oscuri messaggi, ma le ripetevamo come un mantra perché di sicuro nascondevano il codice cifrato che indicava la strada per evadere dalla miserabile condizione in cui vivevamo.

Invece le peripezie del re Sole e le avventure di «*Alouette, gentille Alouette*» puzzavano della cipria stantia della prof. Rondelli, una tondetta tutte curve e rossetto che si faceva un vanto della sua *r* arrotata e aveva un debole per Napoleone e la *Marsigliese*. Essere capitata per sbaglio nella loro stessa sezione mi era sembrato comunque un segno del Fato, una di quelle strane coincidenze all'apparenza insignificanti che cercavo di mettere insieme per tratteggiare un disegno piú ampio che parlasse del mio futuro.

A lezione ci avevano spiegato che questo Fato è una forza sovrannaturale che interviene nelle vicende degli umani. Al suo dominio, seppur recalcitrando, devono sottostare anche gli dèi, figuriamoci i genitori... È cosí potente che è meglio non contrastarlo, se non si vuole finire nei guai. Ecco perché non trascuravo nulla e collezionavo gli indizi piú enigmatici. Solo quelli, però, che venivano incontro ai miei desideri.

A essere sincera dovevo a mia madre l'iscrizione alla piú severa scuola pubblica del quartiere. Senza un motivo apparente si era battuta contro tutta la famiglia che, per una tradizione mai interrotta, faceva frequentare ai figli gli istituti privati. Secondo questa regola non scritta, ma comunque indiscutibile, dopo le medie avrei dovuto continuare la mia istruzione dalle Orsoline, in classi rigidamente femminili, sotto il dominio di sorelle con la cuffia bianca, lunghe gonne nere e un'inquietante peluria sul labbro.

Per la prima e forse unica volta, mamma disobbedí alle sacre leggi della consuetudine. Magari aveva intravisto in me qualcosa che meritava di non stagnare nell'asfissia di un'educazione cattolica, credo anche che se ne fosse pentita molto presto ma per orgoglio avesse tenuto il punto. Ora si angustiava ogni santo giorno per quella scelta, che ai suoi occhi era la causa della mia mutazione da brava bambina in un essere che lanciava sguardi carichi di risentimento e rispondeva alle sue domande con mugugni animaleschi. Era di sicuro colpa della scuola pubblica, come quando si accusa un'improvvisa ventata d'aria gelida fuori stagione d'aver causato un raffreddore. Lei aveva aperto le finestre e il danno era fatto.

Ma la sua sofferenza non mi appassionava. C'è un istante preciso nella vita di ognuno di noi, nessuno ricorda l'esatto momento, in cui i nostri genitori diventano una visione sfocata e priva di interesse. Per anni sono figure eroiche di riferimento cui affidarsi come bambocci affettuosi, e un bel giorno cominciano a perdere autorevolezza e connotati per poi svanire nell'oblio, al pari di antenati sconosciuti, mentre le loro voci cariche di rimproveri si attenuano, quasi fossero finite sott'acqua. Sí, mia madre e il suo mondo rococò erano ormai sommersi, relitti irrecuperabili nel Triangolo delle Bermuda. Quando mi parlava accorata, vedevo solo pesci entrare e uscire dalle sue orbite cave. All'esterno, invece, fuori dalle noiose mura domestiche, nuove galassie illuminate da colori psichedelici mi attiravano con una forza elettromagnetica. Non vedevo l'ora di conquistarle. Il problema era trovare il coraggio di tuffarsi. Persino Dante aveva avuto bisogno di una guida per affrontare l'ignoto e io avevo eletto loro, anche se erano tre, come mio personale Virgilio.

Beba Sforza era una magra naturale e abitava nella parte elegante del quartiere, in una palazzina ottocentesca di proprietà della sua famiglia da generazioni. Vivere nella stessa casa dei suoi avi le aveva regalato una sicurezza innata, che le permetteva di aggirarsi a testa alta con l'incedere di un'étoile nei corridoi scolastici o tra i tavoli della pizzeria a taglio La fenice. Sebbene corresse voce che il casato fosse in piena decadenza e i genitori fossero costretti a vendere poco alla volta gioielli e arredi pregiati, per incanto sotto i passi felpati di Beba apparivano ancora i tappeti persiani che aveva calpestato da bambina e la sua andatura sembrava benedetta dallo sguardo amichevole dei nobili ritratti che un tempo riempivano i suoi salotti. Simili a fantasmi benevoli, una schiera di antenate bionde come lei, illuminate da diademi e adornate da scollature trapunte di pizzi, la proteggeva ovunque andasse. Beba era regale sempre, anche quando s'infilava nel bagno della scuola, dove tutte ci nascondevamo per sfumacchiare qualche cicca. Naturalmente, noi da una parte e loro, a debita distanza, da un'altra.

In più Beba Sforza possedeva il segreto del fascino. Robe che si tramandano nei secoli, senza bisogno di parole, attraverso minuscoli gesti che rimangono impressi nel Dna e vengono ereditati nel patrimonio genetico. O almeno cosí ci aveva detto la prof. di scienze alle medie, in una di quelle interminabili lezioni che entusiasmavano solo lei. Una spiegazione scientifica doveva esserci per forza, ne ero sicura. Non avevo mai visto qualcuno arrotolarsi un ricciolo ribelle attorno all'indice con la stessa studiata eleganza della giovane Sforza, uno spettacolo che ripeteva a intervalli regolari e che non mi stancavo mai di guardare.

Ma era il gruppo nel suo insieme a colpire la mia immaginazione, un affresco di capelli, vestiti e impercettibili tic che le rendeva diverse e inarrivabili.

C'era Violante Rossi, la quintessenza della modernità. Figlia di «architetti comunisti d'avanguardia», almeno cosí li aveva definiti con ammirazione la Guglielmi, supplente d'italiano dallo spiccato orientamento politico, una passione fatale che le avrebbe causato l'allontanamento dalla scuola dopo un'infervorata lezione contro la guerra del Vietnam. Violante viveva nel palazzo di vetro e cemento grezzo ai bordi del parco, una stranezza futurista che pareva un'astronave aliena atterrata per sbaglio su un passato immutabile. I genitori l'avevano progettato e poi ci erano andati a vivere, si diceva che ci fosse anche un ascensore che entrava direttamente negli appartamenti, rivestiti di moquette avorio fin sulle pareti.

Mia madre, come molte veterane del vicinato, quando passava lí davanti scuoteva la testa e si chiedeva chi mai potesse sopravvivere in una casa tutta spigoli. Un ambiente ostile dove sarebbe stato impossibile mettere in mostra gli ingombranti comò, i contro-buffet e i tavoli con le zampe di leone, indispensabili per qualsiasi salotto degno di questo nome.

Vedevo Violante Rossi uscire ogni mattina dal disegno astratto di quella abitazione avveniristica proprio a due passi dalla mia e la seguivo a distanza, spiando il suo cappottino dal taglio perfetto mentre ondeggiava tra le acacie della piccola via che conduceva alla scuola. Il caschetto di capelli scolpito alla Vergottini sfidava le intemperie e sembrava imprimere una forza quasi militaresca alla sua falcata.

Loro portavano pochi libri, tanto c'era sempre un'anima pia pronta a prestargli con deferenza il vocabolario di greco o altre cianfrusaglie per noi necessarie. Non avevano bisogno di sobbarcarsi sulle spalle il fardello della cartella, vecchio armamentario da libro *Cuore*, ma tenevano i libri in mano, legati da un foulard o da cinghie colorate. Viaggiavano leggere come libellule e s'incontravano in un angolo preciso davanti all'istituto per poi fare quell'entrata teatrale che era un po' il loro marchio di fabbrica e decretava per tutti noi l'inizio della giornata.

L'ultima a unirsi al gruppo era Lola Saint-Just, annunciata dalla macchia rossa dei suoi capelli ricci, cosí tanti e cosí folti da sembrare quasi una parrucca. Per il resto lineamenti fini, pelle candida e qualche efelide che poteva trarre in inganno facendola passare per un tipino tenero e ingenuo, come la protagonista di una favola con la morale per bambini buoni. Lola invece aveva lampi negli occhi e idee balzane e vestiva sempre tonalità accese. Era stata la prima a sfoggiare le calze multicolor che noi avremmo visto solo tempo dopo in un film di Michelangelo Antonioni. Dovevano essere il regalo di un parente londinese, proprio come gli abiti da sogno che esaltavano la nostra fantasia, umiliata da avvilenti gonne scozzesi e giacche pied-de-poule, roba smessa da zie o sorelle piú grandi e risistemata da sartine prive di ogni creatività. Le modelle di *Blow-Up*, invece, indossavano audaci collant senza mutande sotto, e durante il film, in un allegro montaggio, se li toglievano rimanendo nude. Una sequenza che avrebbe spalancato immensi orizzonti di libertà per chi – come noi – stava attraversando a fatica la palude dell'adolescenza. Ma abbiamo dovuto aspettare per deliziarci di queste immagini perché la censura bloccò la pellicola denunciando le «invereconde nudità femminili». Mia madre avrebbe far parte della famigerata commissione, sempre se avesse avuto il coraggio di guardare *Blow-Up*: quando ha incontrato Lola con un maglioncino verde mela che lasciava scoperto l'ombelico (molto prima della benedizione televisiva del *Tuca tuca*) voleva andare dritta dal preside per farla sospendere. Ha rinunciato solo perché secondo lei era inutile, visto che Lola era già danneggiata dalla separazione dei suoi genitori.

La separazione a casa mia era considerata un delitto, qualcosa di cui si doveva parlare a bassa voce, senza che i bambini sentissero. Purtroppo avevamo in famiglia una zia separata, una macchia indelebile. Il fattaccio aveva scosso le certezze granitiche della mamma, che aveva cominciato a trattare la mia cuginetta come un'orfana, chiedendoci di essere molto gentili con lei e di non nominare mai la parola «matrimonio» in sua presenza. Nel nostro Paese antidiluviano infuriavano battaglie senza esclusione di colpi per impedire una legge sul divorzio: ci sarebbe voluta ancora una manciata di anni costellati da violente polemiche per ottenerla.

Lola viveva con la madre in una casa modesta, arredata con degli strani mobili moderni che avevano ridipinto insieme di colori assurdi. Le pareti quasi non si vedevano, tanto erano ricoperte di manifesti di mostre d'arte e locandine di spettacoli con nomi di artisti che non avevo mai sentito. A pranzo Lola si cucinava da sola perché la mamma lavorava o, piú spesso, mangiava un trancio di pizza al taglio alla *Fenice* con Beba, Violante e alcuni ragazzi piú grandi che avevano conquistato il privilegio di rimanere fuori nell'ora sacra in cui noi dovevamo tornare a casa per celebrare il rito del desco familiare. Ma queste e altre cose le avrei scoperte in seguito. Per il momento erano avvolte dal mistero, e dunque ancora piú interessanti. Dovevo assolutamente trovare il modo di scollarmi dalla tappezzeria in cui ero confinata e afferrare la mia occasione. Volevo essere loro amica, volevo condividere quei bisbigli suadenti e, soprattutto, volevo uscire dai binari.

«Viva la libertà» avevo scritto sul diario a larghe lettere panciute ripassate con i pennarelli colorati, ma libertà di fare cosa?

«Voglio fare quello che voglio», scriveva Colette in un volumetto che non era nel programma scolastico, l'avevo scovato a casa, sommerso da gialli Mondadori e libri di fanta-archeologia di Peter Kolosimo, le uniche letture che appassionavano mia mamma. Dopo essersi negata ogni emozione vera sulla terra, forse aspettava che un killer o un alieno la liberasse dal grigiore della sua esistenza. Leggevo l'impertinente autrice francese di nascosto perché non era considerata adatta alla mia età, come quasi tutte le cose migliori in circolazione. Nel frattempo c'era la scuola. Ore interminabili costretti nei banchi di formica verdini che, pur avendo sostituito quelli antichi di legno nero, non erano riusciti a intaccare la monotonia di un programma ministeriale polveroso e insapore. Neppure le stramberie della Barbieri di latino e greco, che arrivava in classe con la spesa e sbucciava i piselli sulla cattedra per portarsi avanti con le faccende di casa, riuscivano a suscitare qualche risata. Purtroppo la supplente era stata solo un sollievo momentaneo e la dittatura della titolare non lasciava scampo. Eravamo rinchiusi dentro una bolla, in attesa di qualcosa che ci svegliasse dal sonno perpetuo della noia scandita dagli esametri latini. «*Árma virúmque canó Troiáe qui prímus ab óris*»: a ogni accento un pisello in piú cadeva in una busta di plastica che al suono della campanella era già mezza piena.

La ricreazione squillava improvvisa come una liberazione. Però molto impegnativa, almeno per me. Nel pochissimo tempo concesso dovevo riuscire, senza essere beccata dalla bidella, a salire le scale, arrivare nei corridoi del liceo e intrufolarmi nei bagni delle femmine. A noi ginnasiali era tassativamente proibito fare questo balzo di categoria, rischiavi addirittura la sospensione. Se eri brava a imbastire una scusa, tipo che stavi portando la merenda a tuo cugino o qualcosa di ancor piú credibile, potevi cavartela con una gitarella dal preside, che era quasi peggio della sospensione – la reputazione dentro quelle mura è tutto.

In ogni caso il traguardo valeva il rischio perché lí, schermata da un lavandino, potevo fumare spiando le ragazze, annidate nel bagno del secondo piano. Violante estraeva un pacchetto di senza filtro da una borsetta ricamata e le distribuiva alle amiche. Parlottavano piano tra loro, da lontano non riuscivo a sentire niente ma prendevo appunti mentali per prepararmi al giorno in cui le avrei avvicinate. Lola aspirava con voluttà mentre la massa di capelli fiammeggiante che le ricadeva sul volto rischiava quasi di prendere fuoco. Aveva le mani piene di anelli indiani, persino al pollice (moda che avrei adottato all'istante), e teneva la sigaretta stretta con la punta delle dita; «come una poco di buono», avrebbe commentato mia madre. Beba sfoggiava la solita aristocratica noncuranza tirando boccate lente e studiate, alla maniera di una diva del cinema. Io invece facevo finta, per evitare scoppi di tosse convulsa. Ancora non avevo imparato a fumare come i grandi, eppure mi esercitavo ogni pomeriggio sul terrazzo condominiale insieme a Lucilla, come la chiamavano i suoi genitori, «Lucy», come l'avevo ribattezzata io. L'unica amica all'altezza dei miei disagi.

Lucilla Palumbo sapeva di non essere loro e ne soffriva, ma faceva di tutto per favorire i miei piani. Nella scuola vigevano precise gerarchie militari, come in caserma. E lei, fedele compagna di banco sin dalle medie, si era autoeletta mia gregaria anche se io non ero un gran generale. Aveva un viso affilato da furetto, con timidi occhi a spillo e una vocetta nasale da cartone animato. Per compiacermi sghignazzava alle mie battute di spirito con una specie di singulto che assomigliava piú a uno starnuto che a una risata. Potevo contare sulle sue versioni e saccheggiavo i suoi celebri appunti di storia, piú affidabili di un Bignami. In compenso la difendevo da chi la prendeva in giro per la sua altezza. Sí, Lucy era una piccoletta e questa caratteristica non aiutava nella quotidiana battaglia scolastica.

Il resto della nostra classe era composto perlopiú da soldati semplici. I maschi abbassavano gli occhi al passaggio delle ragazze balbettando saluti, erano ancora ipnotizzati dal mistero femminile, un rompicapo che li avrebbe impegnati per molti trimestri a venire. A fare eccezione erano pochi esemplari che reagivano all'inadeguatezza con improvvisi scatti di violenza verbale e impacciati scherzi di mano: primi goffi tentativi di affermare una virilità che avevano visto esercitare da padri e fratelli piú grandi ma che ancora non sapevano governare. Nell'insieme formavano una massa informe di nessun interesse. Con il tempo i piú avveduti avrebbero smorzato gli attacchi cercando di rendersi attraenti grazie a

certi maglioni a collo alto e citazioni a memoria di interi
versi di poesie romantiche, mentre i piú rozzi purtroppo
avrebbero fatto gruppo per infastidire con maggior successo le loro vittime.

Anche le altre mie compagne non avevano ancora trovato una definizione precisa, era tutto un oscillare tra l'immagine della brava bambina con il cerchietto ed esibizioni
ostentate di femminilità. La piú audace era Venturi, che
si vantava di averlo già fatto ma incantava solo il suo ristretto circolo di sottoposte, che la seguivano come ancelle nei corridoi. In realtà credo si fosse lasciata toccare parecchio senza arrivare al dunque. Per me non aveva alcun
fascino, era sfrontata e volgare. Aveva gli occhi carichi di
rimmel, le labbra ripassate con un rossetto rosa confetto,
e non faceva che stampare impronte di baci sul diario per
affermare la sua superiorità.

I nostri giudizi erano feroci. Ci guardavamo tutte in
cagnesco riconoscendo all'istante pregi e difetti. Un'ana-
lisi piú accurata di una radiografia, che veniva rinnovata
ogni santo giorno per cogliere il piú impercettibile cambiamento di quei corpi che si evolvevano a sbalzi, in balia
di oscure tempeste ormonali.

L'esame piú impietoso, però, avveniva davanti allo specchio: ciascuna nella solitudine del proprio imbarazzo adolescenziale. Io, nonostante l'immeritata ammirazione di Lucy,
mi consideravo mediocre in tutto. «Un concerto di disar-
monie», una definizione di non so quale esecuzione musicale che avevo letto da qualche parte e che si addiceva
alla perfezione al mio aspetto di fresca ginnasiale. Quando mi guardavo nella specchiera dell'armadio, l'immagine
che vedevo riflessa mi ricordava un quadro di quel pitto-
re spagnolo mezzo matto, niente era al suo posto, niente
combaciava con il canone estetico che avrei voluto incar-

nare. Il verdetto finale era «non abbastanza» in ogni categoria. Non abbastanza magra, non abbastanza interessante, non abbastanza spigliata. I capelli non abbastanza folti, né neri né marroni. Il naso troppo pronunciato. Le tette improvvisamente fuori misura, poi, non corrispondevano alla moda imperante che le voleva piú discrete per indossare i nuovi maglioncini aderenti che vedevamo sui giornali. Si salvavano la bocca e l'altezza, due punti forti che avrei dovuto enfatizzare. Ma per la vergogna di quel seno troppo pronunciato, a cui non ero abituata, camminavo senza fierezza, un po' ricurva, con le spalle in avanti a proteggermi dagli sguardi che credevo tutti proiettati verso quell'ingombro. Lo vivevo come una colpa. Dal giorno in cui il figlio del portiere, durante un'innocente acchiapparella in cortile, l'aveva afferrato come fosse un trofeo, esibendo un sorrisetto osceno di conquista, invece di odiare lui avevo cominciato a odiare il mio corpo.

La tracotanza del desiderio maschile era apparsa subito la minaccia piú insidiosa nella giungla che dovevamo attraversare per crescere e, al solito, l'esempio di mia madre non mi era di nessun aiuto. Nel semplice mondo che voleva tramandarmi c'erano solo due strade percorribili per una ragazza: moglie o donnaccia. Stop. E il corpo femminile era la principale fonte di problemi, un'arma micidiale che poteva esploderti in mano e rovinarti la vita per sempre. Ogni fisicità troppo esibita era da condannare. Dovevamo parlare poco e sorridere senza emettere suoni, compiacere piú che piacere, e tutto sarebbe andato per il meglio.

Mia madre aveva adottato senza problemi questa esistenza sottotraccia. Credo che lei non si sia mai piaciuta e abbia fatto di tutto per passare inosservata, annullando qualsiasi avvenenza dopo la prima gravidanza. Lo status di genitrice l'aveva schermata dalle tentazioni, lasciando libero mio padre di cercare – come si diceva una volta – il piacere fuori casa. Di sicuro un pensiero di meno, una vita ordinata come i cassetti del comò, dove ogni cosa era al suo posto, ripiegata con cura tra sacchetti profumati di lavanda. E nascosta in fondo rimaneva certa biancheria immacolata che non valeva la pena di sciupare. Meglio abbandonarla lí a ingiallire, stirata a dovere e mai indossata, in perpetua attesa di un'occasione speciale che però non arrivava mai.

Eppure lei mi aveva iscritto alla scuola pubblica e qualcosa mi diceva che aveva riposto in me un seme di speranza, forse un desiderio di riscatto che non aveva il coraggio di confessare nemmeno a sé stessa. Mi piaceva l'idea di essere una guerrigliera in incognito, come il Che in Bolivia, anche se era finito male. Cosí almeno ci aveva raccontato tra le lacrime la supplente di italiano, mostrandoci la foto del Comandante come un Cristo deposto nel sepolcro. Era già chiaro che nella nostra scuola la Guglielmi, detta «la *pasionaria*», non sarebbe durata a lungo. *Hasta siempre.* E invece io avrei vendicato la mamma, ancora non avevo capito in che modo, ma mi sentivo pronta a fare il salto di specie. L'avevo confessato a Lucy Palumbo sul terrazzo condominiale mentre con il mangiadischi ascoltavamo per l'ennesima volta il 45 giri consumato di (*I Can't Get No*) *Satisfaction*, il nostro inno alla resistenza.

2.

È stata la morte improvvisa di Ornella Pedretti ad avvicinarmi a loro. Una cosa da non credere. Se non era anche questo un segno del Fato...

Ornella Pedretti me l'ero trascinata dalle medie, una presenza trasparente con cui avevo scambiato sí e no quattro parole in tutti quegli anni. Il primo giorno della quarta ginnasio l'ho ritrovata seduta al banco davanti, con la sua aria mite da brava ragazza di paese. Se fosse stato per lei avrebbe smesso gli studi dopo la scuola dell'obbligo, non era interessata alle nostre conversazioni, né tantomeno alle faide intestine che animavano la classe. Era sempre attenta alle lezioni e arrivava puntuale con una lunga treccia ben pettinata, cui tutti a turno si appendevano per canzonarla un po' quando non c'era di meglio da fare. Voleva essere promossa e liberarsi il prima possibile di quell'inferno popolato da ragazzacci insoddisfatti e smaniosi in cui era precipitata per colpa dei suoi genitori.

I poveretti speravano come tanti che un diploma al rinomato istituto classico le avrebbe garantito uno scatto nella scala sociale, proiettandola nel nuovo benessere nazionale. Erano anni in cui era ancora possibile migliorare le proprie condizioni pur partendo dal basso: i figli, se istruiti (persino le femmine), avrebbero conseguito quell'auspicato avanzamento economico. I Pedretti avevano compiuto il primo passo, dal paese si erano trasferiti nella capitale trovando un impiego da portinai in un palazzo signorile. Lei lustrava le scale, lui, in divisa gallonata, ritirava la posta e scacciava gli intrusi. E insieme sognavano per la loro Ornella un futuro cittadino, magari da insegnante, coronato dal fidanzamento con un avvocato o meglio ancora – perché no? – con un notaio, il non plus ultra delle mire matrimoniali. Il quartiere d'altronde pullulava di austeri studi legali frequentati da giovani apprendisti con possibilità di carriera. E invece Ornella era morta all'improvviso, giovanissima, spezzando sul nascere ogni aspirazione della sua famiglia. Un fatto grosso che aveva commosso tutta la scuola e di fronte al quale il preside, in un impeto di umanità interclassista, aveva deciso che dovevamo rendere omaggio alla compagna sfortunata.

– Che vuol dire che è morta Pedretti?

Non ci capacitavamo. L'eventualità che la vita ti abbandonasse a quell'età era fuori da ogni immaginazione. La morte era per i vecchi. Avevo visto mia nonna in una cassa di legno scuro con la pelle rinsecchita e squamosa e non mi era uscita neanche una lacrima. Mentre avevamo tutti pianto per Didone, che si pugnala al cuore nel quarto libro dell'*Eneide*. A Venturi era addirittura colato il rimmel per la commozione. Ma la regina di Cartagine si uccide per amore, e poi era stato come sempre il volere del Fato, cosí ci aveva spiegato la Barbieri tra un pisello e l'altro. Alla povera Ornella invece si era rotta una vena dentro la testa, qualcosa di difettoso che aveva sin dalla nascita e che d'un tratto aveva deciso di porre fine alla sua esistenza. Niente spade sguainate e maledizioni, né tantomeno le pozioni velenose che avevano ingannato Romeo e Giulietta. A decretare la sorte di Pedretti era stata una semplice anomalia. Potevamo accettare le morti eroiche o quelle maledette delle rockstar, ma non eravamo pronti al-

lo scherzo del destino. Eppure, quando imbarcarono tutta
la sezione C su dei pullman per andare al funerale nel suo
paesino fuori città, eravamo elettrizzati per la gita, carichi
di quell'incoscienza spensierata che ogni contrattempo
che faccia saltare le lezioni provoca nelle giovani menti,
anche se l'imprevisto è la morte in persona.

L'odore acre del fumo dei camini ci diede il benvenuto
nella piazzetta circondata da case di pietra. Sembrava di
essere piombati in pieno medioevo e tra di noi già fiocca-
vano stupide battute sull'apparizione di streghe e draghi,
ma l'accoglienza ossequiosa dei genitori e dei pochi pae-
sani con l'abito buono gelò la nostra ilarità. Non ci me-
ritavamo la Pedretti e ci siamo subito sentiti in colpa per
le parole che non le avevamo mai rivolto e le quotidiane
prese in giro della sua ingenuità. Qualcuno è persino scoppiato a piangere.

A quell'età non eravamo in grado di contenere l'onda
anomala dell'emozione, fenomeno improvviso che ci ar-
rossava le guance e faceva battere il cuore. Con il tempo
avremmo imparato ad appellarci alla dea ragione e una
spessa corteccia creata dall'esperienza avrebbe arginato
come una diga i nostri sentimenti scomposti. Ma quella
mattina di novembre eravamo ancora indifesi, ciascuno a
suo modo in balia di un dolore sconosciuto. Io e Palumbo,
persa ogni spavalderia, ci tenevamo per mano come due
bambinette, la sua era sudaticcia, ma la morte è un mistero che va affrontato insieme.

Una lunga fila di compagni di scuola stazionava in un
silenzio spettrale sulle scale ripide di una casa minuscola,
in attesa di entrare a piccoli gruppi in quella che doveva
essere una sala da pranzo. Le sedie però erano disposte
lungo le pareti, e sul tavolo, tra ceri e mazzi di fiori, ave-

vano sistemato una specie di catafalco. Eravamo penetrati nella tomba di Tutankhamon e al posto del faraone c'era Pedretti.

Io non la volevo vedere, ma era impossibile esentarsi dall'estremo saluto alla piccola bara bianca, in cui avevano composto le spoglie della ragazzina con il suo vestito della comunione. Credo l'avessero lasciato aperto dietro le spalle, comunque le stringeva da tutte le parti ed era cosí corto che spuntavano le due gambette, fasciate da calzini di cotone bianco. Anche se era sommersa dai gigli si vedeva benissimo che non aveva le scarpe.

Fissavo la fronte di Ornella, sembrava di cera, e cercavo di intravedere il danno che aveva causato la fine. Forse dipendeva da quel neo un po' sporgente proprio sopra al naso, in mezzo agli occhi. Come avevano fatto a non accorgersene?

– Gli angeli l'hanno voluta con sé perché era troppo buona, è andata a stare meglio, beata tra i beati... – ripeteva a cantilena una vecchina che doveva essere la nonna. Ma quale beata? Mi innervosiva questa teoria cattolica che trasforma le disgrazie in colpi di fortuna. Pedretti era morta e non c'era piú. Punto. Non è preferibile essere cattivi e vivere a lungo, visto che il paradiso è solo un'ipotesi da dimostrare? Non avrei aspettato un riscatto nell'aldilà, come mia madre, meglio prendersi tutto subito finché si è in tempo. Sí, davanti al corpo senza vita di Ornella Pedretti, che sembrava una bambola infiocchettata su un letto matrimoniale, ho giurato a me stessa che sarei diventata una cattiva ragazza.

Al momento di risalire alla spicciolata sui pullman per tornare in città ho puntato quello dei liceali, lasciando cadere la mano appiccicosa di Palumbo nel vuoto. Il primo atto di egoismo che mi proiettava verso una nuova vita.

D'altronde l'aveva detto anche Colette che non bisogna avere scrupoli quando si vuole ottenere qualcosa. «A questo servono i libri, a darsi coraggio...» pensavo, sfoderando un impacciato sorriso di sfida.

Loro erano sedute in fondo, come al solito isolate dal resto della ciurmaglia. Cercando di coprire con il cappottino rosso in stile militare (di cui andavo fiera) la triste gonna a pieghe (di cui invece mi vergognavo), sono andata dritta a occupare il posto vuoto che il Fato mi aveva assegnato. Le ragazze mi hanno guardato divertite. Chi era questa piccoletta che osava oltrepassare il confine invisibile che avevano eretto per proteggersi dalla stupidità del mondo?

– Ciao, sono Sara Mei, quarta C –. E poi? Cosa ho detto dopo? È passato troppo tempo perché io possa ricordare con precisione le chiacchiere che ho imbastito per suscitare il loro interesse. Sono sicura però che abbiamo parlato dei Beatles. Per forza. Beba era una fan scatenata, e suo fratello Saverio suonava la batteria in un gruppetto di liceali che si riuniva nella cantina di casa loro, anche se secondo me era troppo bello per un ruolo alla Ringo Starr, e come se non bastasse sfoggiava la stessa innata eleganza della sorella. Si facevano chiamare I Cuori Solitari in omaggio all'ultimo disco del quartetto di Liverpool, che conteneva la mia canzone preferita. Era la storia di un'adolescente che all'alba scappava di casa per non farvi piú ritorno. Fuggiva di nascosto dal giardino sul retro e bye bye... Devo aver rivelato alle tre ragazze che mi osservavano incuriosite la decisione irrevocabile di seguire il suo esempio. Sí, di lí a poco anch'io sarei scappata di casa – magari non dal giardino, visto che abitavo in un appartamento al quinto piano – comunque avrei raggiunto Londra in autostop... mi sarei rifugiata in un ostello... per mantenermi avrei fatto la commessa in un negozio di Carnaby Street e altre stupidaggini del genere.

Imprese che vagheggiavo sulla terrazza condominiale insieme a Palumbo, ma che al momento non sarei stata capace di mettere in pratica. In verità non avevo la stoffa per una vera ribellione. Pure in quel campo mi giudicavo mediocre. Alle continue sollecitazioni di mia madre mi limitavo a esercitare una resistenza passiva. Lo sguardo buio e un broncio di maniera come maschera quotidiana. Mi bastava essere ostile per sentirmi un'eroina. Però adesso, nel tepore del pullman in fuga dalla morte, mentre vedevo sfrecciare oltre il finestrino i capannoni industriali della Salaria, quelle confessioni mi sembravano piú che reali.

Ripensandoci devo aver fatto la figura di una sprovveduta un po' svitata, ma senza dubbio simpatica. L'ho capito dal modo in cui sorridevano, che le avevo conquistate. Forse provavano solo tenerezza per quella ragazzina mitomane e chiacchierona e hanno deciso che dovevano proteggermi. Da quel pomeriggio le tre ragazze mi presero sotto l'ala, e io ero disposta a tutto pur di rimanerci. Avevo trovato finalmente la porta d'accesso a un universo di meraviglie illuminato da luci stroboscopiche, come quelle della discoteca appena aperta a due passi da casa. L'avevo vista in foto e basta, purtroppo per me era un luogo proibito e inaccessibile. Uno dei tanti divieti nella mappa di strade sbarrate imposta dalla ferrea educazione dei miei genitori. Ma come Alice avevo scovato un varco e non vedevo l'ora di attraversare lo specchio per mangiare i biscottini del Cappellaio Matto e fumare i narghilè del caso. Ed era chiaro che non si trattava soltanto delle sigarette nei bagni della scuola. C'era tanto da fare e tutto per la prima volta, e il sesso non era per forza tra le priorità della lunga lista che avevo stampata nella mia fervida mente.

Credo di aver scoperto in quell'occasione che le mie qualità migliori non erano le labbra pronunciate, l'altezza o il cappottino rosso sfuggito alla deprimente estetica materna, no, il mio punto di forza era una parlantina spiritosa che metteva in burla i fatti piú insignificanti. Stentavo a crederci, ma riuscivo a far ridere i miei interlocutori raccontando buffe storielle scolastiche o le peripezie per sottrarmi al controllo dei genitori. E ora persino loro che sembravano irraggiungibili mi stavano a sentire. Insomma, non era solo Lucy Palumbo in quanto sottoposta a trovarmi divertente, ero proprio io che risultavo simpatica. Una dote insperata, piovuta dal cielo, con il potere di alleggerire il disagio procurato da un aspetto esteriore che continuava a deludermi. Ognuno va in battaglia come può, la guerra fuori dalle nostre camerette era feroce, senza esclusione di colpi, e io avevo scovato per magia una risorsa che potevo mettere in campo nei momenti d'imbarazzo o di difficoltà, ovvero quasi sempre. L'ironia è un'arma di sopravvivenza, una specie di Excalibur che per caso avevo estratto dalla roccia, come Semola nel cartone animato di Walt Disney. *La spada nella roccia* l'avevo visto pochi anni prima al cinema Rex in compagnia di mia madre. La settimana dopo avrebbero programmato il primo film dei Beatles e da quel giorno il mondo sarebbe cambiato per sempre.

Pure John Lennon in *A Hard Day's Night* faceva lo spiritoso. In realtà tutti e quattro i Beatles si comportavano da burloni e improvvisavano scenette a beneficio della cinepresa, ma John si applicava piú degli altri per mostrarsi simpatico e controcorrente. Una vera scuola per me e per quelli che, non essendo belli come Paul o spirituali come George, cercavano la loro strada. Va be', Ringo giocava in un altro campionato e andava preso cosí. Ma gli scherzetti con i giornalisti e le freddure a uso dei fan appartenevano già al passato della band.

– Ora che hanno detto addio ai concerti dal vivo con le ragazzine urlanti si possono dedicare alla sperimentazione musicale e alla meditazione trascendentale... – mi rivelava Saverio Sforza in quella buia cantina dove respiravamo piano, anche se Lucio Battisti non l'aveva ancora cantato. Però non c'era nessuna mia mano da fermare. Pietrificata e sedotta dai suoi racconti, a malapena riempivo le pause con dei mugugni di approvazione. Ero finalmente nel paradiso terrestre.

– Hai letto *Siddharta*?

– No, non ancora...

– Dovresti farlo.

E giocando, proprio come la sorella, con uno dei riccioli biondi della sua capigliatura leonina cominciò a spiegarmi per filo e per segno perché era necessario rinunciare alla vita materiale se si voleva raggiungere l'illuminazione. La musica era lí a indicare il cammino. Non a caso sulla copertina di *Sgt. Pepper*, oltre a Mae West e Fred Astaire, tra una miriade di personaggi erano ritratti almeno due maestri yogi che avevano ispirato George Harrison aiutandolo a comprendere il significato profondo dell'esistenza. Io ero stupefatta. Altro che il viaggio di Enea decantato dalla prof. Barbieri, questa era l'epica che avrei ascoltato per ore. Che poi, diciamoci la verità, l'eroe greco aveva affrontato mille pericoli per arrivare a fondare Lavinio, una triste cittadina turistica sul litorale romano dove i miei genitori mi trascinavano controvoglia ogni benedetta estate. Mentre Siddharta, semplicemente seduto a gambe incrociate sotto un albero di fico, aveva scoperto sé stesso e la strada per la felicità. Vuoi mettere? O almeno cosí mi sembrava di aver capito, tra la musica ad alto volume e il cuore in subbuglio.

Ero stata invitata da Beba a un pomeriggio di prove insieme ad alcuni ragazzi che frequentavano la cantina, tutti piú grandi di me. Per non abusare del privilegio ero rimasta un po' in disparte, inalando a piene narici l'odore acre delle sigarette miscelato all'umido aristocratico che trasudava dalle pareti del bel palazzo nobiliare. O forse era la fragranza dei primi spinelli, comunque nessuno mi passava niente e io non osavo chiedere. Mi sentivo un corpo estraneo e vivevo nel terrore che si accorgessero dell'intrusa catapultata da un altro pianeta. E poi il cappottino rosso mi faceva sudare, ma non l'avrei mai tolto. Era la mia corazza, al pari del Vello d'oro degli Argonauti mi dava coraggio e, soprattutto, nascondeva la solita gonna troppo lunga e un maglione troppo largo. Però Saverio mi aveva rivolto la parola e mi ero subito innamorata. Non solo di lui. Provavo un amore diffuso per ogni componente dei Cuori Solitari, per Beba, Lola e Violante, amavo i loro vestiti, i capelli, le parole che pronunciavano, volevo immergermi nei libri che leggevano e ascoltare tutte le canzoni che cantavano. Proprio come l'esperimento fatto in classe con la calamita che, per catturare una moneta, si era portata appresso un mondo intero. «L'attrazione magnetica è cosí, sono le leggi della fisica e non possiamo farci niente», parole della prof. di scienze che non ammettevano repliche.

Grazie a loro avevo trovato la mia vera famiglia. Mi sentivo come il brutto anatroccolo della favola che, dopo una vita di umiliazioni, si accorge di essere un cigno e capisce che non è lui «il diverso», ha solo sbagliato comitiva. Ora lo sapevo, io non ero un'anatra, ma ero costretta a tornare ogni sera nel mio pollaio.

– Mamma, faccio un po' tardi, non ti preoccupare.

– Dove sei?

– In una cabina telefonica, sotto casa di Lucilla.

– E non puoi telefonare da casa sua?

– Mamma, hanno il duplex, la linea è sempre occupata, dài, faccio solo una mezz'ora di ritardo.

– Lo sai che mangiamo presto e tuo padre...

Mio padre non c'era quasi mai a cena, se però si degnava di presenziare al rito voleva il presepe al completo. Avevo anche una sorella piú piccola di cui non ho parlato perché in quel periodo era ancora immersa nel caramelloso universo di Barbie, quindi di nessuna utilità per il mio racconto. In sintesi era una presenza superflua con cui purtroppo dividevo la camera da letto, in una convivenza forzata che generava discussioni senza fine. Ogni giorno combattevo un corpo a corpo con le sue bambole per fare spazio a una quantità mostruosa di poster, libri e dischi che ora scandivano le tappe della mia nuova esistenza. Una costellazione di oggetti di cui avevo un assoluto bisogno per non perdere di vista la rotta verso la liberazione. In fondo, alla mia sorellina volevo bene e quando non mi divertivo a impiccare la sua Barbie fashion l'aiutavo a fare i compiti oppure giocavamo a infilare collane con minuscole perline colorate e danzavamo agghindate come regine.

Mio padre, invece, le rare volte che era a casa si muoveva tale e quale a uno zombie, parlava poco e si irritava per un nonnulla. Sinceramente avrei desiderato la sua morte. Niente di drammatico, un decesso improvviso durante il sonno e buonanotte. Sarebbe stato bello partecipare al suo funerale con il volto contrito, fasciata da un miniabito nero, ma scommetto che persino dall'aldilà avrebbe trovato da ridire sulla lunghezza della mia gonna. Se non altro, morendo avrebbe smesso di comandarci a bacchetta, come il Mangiafuoco di *Pinocchio*. Da vivo mio padre era una presenza maschile invisibile e potente che dettava le regole di una religione ancestrale; sua moglie aveva il compito di far rispettare i precetti, scolpiti nella pietra neanche fossero i famosi comandamenti. In quanto sacerdotessa del Padre Nostro, mamma non li metteva mai in discussione, anzi era la prima a temere l'ira funesta del patriarca che si scatenava alla minima trasgressione.

Sí, mia madre aveva paura di mio padre, di sicuro piú di me, e si adoperava con ogni mezzo per trasmettermi il suo timore reverenziale. «Non facciamo arrabbiare tuo padre... Cosa dico a tuo padre... Sai come è fatto tuo padre...»

– Dài, cerco di sbrigarmi, ma stiamo finendo le declinazioni, domani interroga...

Avevo già chiuso la comunicazione mentre lei continuava con le sue suppliche.

Palumbo era stata istruita a dovere per reggermi il gioco, in cambio avrebbe avuto la narrazione completa delle mie nuove evasioni: viverle per interposta persona rappresentava già un privilegio. Erano le prime rudimentali bugie che sperimentavo per guadagnare tempo, moneta pregiata che, insieme allo spazio, definiva la nostra mancanza di libertà. Una sfiancante guerra di posizione e un'equazione algebrica da risolvere ogni giorno... cinque minuti in piú, dieci centimetri sopra al ginocchio, due passi avanti e uno indietro, sette anni per raggiungere la maggiore età. Dovevo applicarmi su qualunque dettaglio con precisione matematica e mettere in campo un'infinità di tattiche e strategie per sfuggire ai controlli e conquistare minuscole briciole d'indipendenza.

Era un'attività logorante da ape operosa che mi assorbiva completamente, ma che condividevo con la maggioranza dei ragazzi della mia generazione.

Liberarci da una tradizione che non ci apparteneva era l'unica cosa che impegnava con entusiasmo le nostre men-

ti, di certo una faccenda piú attraente di qualsiasi materia scolastica, che invece appariva del tutto inutile per il
nostro futuro.

Per fortuna i nostri genitori facevano sempre piú fatica
a mantenere lo scettro del potere assoluto. La storia stava
correndo a velocità supersonica proprio sotto i loro piedi
e l'autorità e le sacre istituzioni a cui si appellavano da secoli per mantenere l'ordine scricchiolavano con sinistri ci-
golii che lasciavano presagire un terremoto. Noi però non
avevamo tempo per il loro sgomento, c'era tanto da fare,
da capire, da discutere e da catalogare.

– Comunque a me piacciono anche i Rolling Stones.

– Sí, però i Beatles sono piú avanti musicalmente.

– Ma gli Stones sono piú ribelli...

3.

– Sara, devi ascoltare il tuo corpo... – Questa la risposta di Lola quando le ho chiesto, dopo un respiro profondo, se secondo lei fosse arrivato il momento di sbarazzarmi della mia verginità. Ormai mi sembrava piú un impaccio che una proprietà di valore.

A scuola, in famiglia, in chiesa (anche se non ci andavo piú), noi ragazze eravamo bersagliate da prediche continue che esaltavano le giovani virtuose, illibate e pure come gigli. Era un complotto. Fosse stato per loro avremmo dovuto sfilare fino all'altare con in mano una corona simbolo del martirio, tali e quali alle figurine del mosaico del *Corteo delle Sante Vergini* nella basilica di Ravenna. Donnine stilizzate su uno sfondo oro che marciano composte verso un destino ineluttabile. L'avevo visto in gita con i miei genitori e non me l'ero piú dimenticato.

Per non parlare delle conseguenze cui saremmo andate incontro se avessimo deciso di fare quel passo peccaminoso fuori dal matrimonio. A parte i rischi di procreazione, che erano già un bel cruccio, dopo aver ceduto alla tentazione della carne nessuno ci avrebbe piú rispettato e, da «disonorate», non sarebbe stato possibile trovare uno straccio di marito. La prospettiva comunque non mi angustiava piú di tanto perché avevo deciso, visti i risultati in famiglia, che non mi sarei mai sposata.

Ogni notizia riguardo al corpo femminile e ai suoi eventuali desideri era irrintracciabile se non attraverso dei passaparola semiclandestini. Forse i nostri genitori e le istituzioni che gli davano manforte speravano che, non nominandola mai, la sessualità delle donne sparisse per incanto, lasciando le cose come erano sempre state e amen. Ma da quando una ragazza del profondo Sud si era rifiutata di convolare a nozze con il suo violentatore e l'aveva mandato in galera negandogli il matrimonio riparatore, un'aria frizzantina si era diffusa per tutto il Paese. Se era riuscita lei a sopravvivere senza questa benedetta verginità ce l'avremmo fatta anche noi di Roma Nord. In qualche modo glielo dovevamo.

La bella notizia era che finalmente avevo qualcuno con cui discutere delle questioni che piú mi stavano a cuore. Non che non ne avessi parlato a lungo con Palumbo, ma la sua scarsa esperienza in materia non mi era stata di nessun aiuto. Lei ancora ritagliava e conservava *Il salotto di Brunella*, una rubrica della rivista di moda «Annabella» che ogni settimana ospitava i tormenti d'amore di donne e ragazze piú o meno disperate.

«Cara Brunella, il mio fidanzato mi ha chiesto la prova d'amore prima del matrimonio. Che devo fare? E se poi mi concedo? Come mi giudicherà?» Rispetto a mia madre, la giornalista era senza dubbio di larghe vedute, ma alla fine pure lei considerava la verginità un bene prezioso. In sintesi, meglio conservarla e tenere le gambe strette fino al fatidico sí. «Se davvero ti ama può aspettare...»

Ma eravamo noi che non potevamo aspettare, o almeno io, visto che Palumbo era d'accordo con *Il salotto di Brunella* e disapprovava le mie smanie di liberazione sessuale. Con lei giocavo a fare la spregiudicata, in realtà ero molto confusa e ancora non ero riuscita a interrogare il mio corpo, con cui non avevo grande confidenza.

Era la prima volta che andavo da Lola, si era offerta di aiutarmi in greco e io avevo colto l'occasione al volo. Sua madre stava al lavoro, ma anche quando non lavorava era spesso fuori perché aveva sempre da fare, era una donna «un sacco impegnata». Cosí mi aveva detto Lola mentre mi preparava la merenda, quasi fossi la sua migliore amica. Senza genitori tra i piedi, le case avevano un fascino particolare per noi. Terre senza monarchi, Stati liberati dove potevamo imporre le nostre leggi e regnare indisturbati fino a quando il rumore della chiave nella serratura non avrebbe decretato la fine della repubblica e il ritorno della dittatura, con le sue odiose imposizioni.

Lola non aveva questo problema. Si vedeva che era abituata a fare per conto suo. Apriva e chiudeva cassetti e sportelli come una vera padrona di casa e su un vassoio di moplen arancione, quella nuova plastica che andava tanto di moda, sono apparsi strani biscotti e due tazze di tè. Era vero che aveva una zia in Inghilterra. Oltre alle calze colorate le mandava quei dolcetti scuri un po' amarognoli, squisiti se inzuppati nella bevanda eccitante che mia mamma considerava adatta solo agli adulti e che offriva alle amiche, nelle poche occasioni in cui venivano a trovarla. Per me c'erano ancora pane burro e marmellata e un bicchiere di latte o, al massimo, i biscotti Doria, pubblicizzati da *Carosello* con uno stucchevole motivetto che decantava la celebre ricetta della nonnina, una vecchietta con la parrucca che recitava pure male.

Sorseggiando il tè con Lola, invece, già mi sentivo la ragazza che avrei voluto essere, un po' Alice al non compleanno del Cappellaio Matto e un po' Lucy nel cielo con i diamanti e gli occhi a caleidoscopio.

Anche se non c'erano torte di marshmallow, in quella casa era tutto un po' speciale e diverso. Dovunque ti giravi risuonava la parola libertà. Le tinte accese, le decine di libri stipate alla rinfusa in una libreria che occupava una parete intera, cuscini di velluto con stampe a fiori buttati a casaccio su un divano squadrato, molto moderno e incredibilmente nero. Proprio nero, un colore che a casa mia era riservato al lutto, alle prime dell'opera o al massimo, con tanto di velo, alle udienze dal papa.

– Devi ascoltare il tuo corpo… – suggeriva Lola, però il mio corpo non parlava e, se lo faceva, lanciava messaggi incomprensibili, pieni di contraddizioni. Quando Mick Jagger con le sue labbra carnose e suadenti m'invitava a passare la notte insieme a lui (lo so bene che non diceva a me e che era solo una canzone), io mi sentivo chiamata in causa e qualcosa di indefinito e bellissimo mi risvegliava dal letargo. Era eccitazione? Andava assecondata? E come?

– Ti sei mai toccata?

Oh mio Dio che domanda…

Le rare volte che mi guardavo nuda allo specchio vedevo quel ciuffo rigoglioso e devo dire che mi faceva simpatia, ma non avevo mai provato a esplorarlo. Ero stata lasciata da mia madre in balia di me stessa, senza istruzioni per l'uso. Non dico rispetto a una vita sessuale – poveretta, non avrebbe saputo da dove cominciare – ma non mi aveva neanche avvertito dell'inevitabile fenomeno delle mestruazioni. Quando mi arrivarono si stupí quasi piú di me. Esclamò soltanto: «Ecco l'impiccio…»

E invece esisteva una cosa magnifica chiamata piacere, che ci si poteva procurare da sole o in compagnia di un partner. Sí, la mia nuova amica ha proprio detto «partner». Prima ancora, però, secondo il Vangelo di Lola bisognava accettarsi, volersi bene e amare il corpo che ci era capitato in sorte.

– Allora non ce la farò mai...

– Ma guarda che siamo tutti belli quando ci spogliamo delle nostre inibizioni.

– Anche Palumbo? – ho aggiunto ridendo per sdrammatizzare la tensione che avevo accumulato a forza di parlare di certi argomenti.

– Sí, anche lei... Quest'estate mia cugina è stata a San Francisco nel pieno della Summer of Love...

– E cos'è?

– Un grande raduno di hippy dove hanno ballato e cantato al chiaro di luna tutti nudi, insieme, per celebrare l'amore universale... per la pace e per un mondo migliore. Era necessario essere «tutti nudi insieme» per celebrare questo amore universale? Per me sarebbe stato un problema, riuscivo a malapena a sbucare dalla cabina dello stabilimento in costume da bagno, ma ci avrei provato. Ero contro la guerra e di certo volevo cambiare il mondo, almeno il mio, e se bisognava spogliarsi dei vestiti – oltre che dei beni materiali, come diceva Saverio – avrei affrontato pure questa prova. Ma si poteva fare a diecimila chilometri da San Francisco? E senza i Mamas & Papas a disposizione che cantavano con i fiori nei capelli?

D'altronde il messaggio era chiaro. Se vuoi la pace, e quindi la felicità, devi fare l'amore e liberarti della verginità. Punto. «Fate l'amore e non fate la guerra» l'avevo scritto sul diario circondato da cuoricini, poi però l'avevo cancellato, per paura che lo scoprisse mia madre.

A sentir parlare Lola, che a ogni frase faceva ondeggiare la sua massa di riccioli, rossi come la fiammata di un drago, tutto era facile e a portata di mano.

– Ma se, superate le mie inibizioni, poi rimango incinta?

– Devi prendere delle precauzioni.

– Precauzioni?

Sapevo di questi preservativi, dovevano usarli i ragazzi, però non lo facevano quasi mai. Un po' perché si imbarazzavano, visto che erano alle prime armi quanto noi, e talmente preoccupati della buona riuscita della loro prestazione da faticare a concentrarsi su altro. Per non parlare del *coitus interruptus*, che solo a pronunciarlo faceva pensare a una vera porcheria, e comunque bisognava affidarsi alla coscienza dei maschi, in cui non potevamo riporre alcuna fiducia. Cosí sosteneva Palumbo, portando a esempio una straziante lettera del *Salotto di Brunella* con la vicenda di una ragazza che, a causa della mancanza di tempismo del suo fidanzato, adesso aspettava un bambino. Come se non bastasse, Lucy mi aveva anche raccontato l'infausta avventura di un'altra poveretta, rimasta incinta senza nemmeno togliersi le mutande. Storie terribili che funestavano i nostri giovani ardori. Sapevo pure dell'altro metodo, quello dei calcoli, perché mio padre, ridendo, diceva sempre che mia sorella piccola era figlia di Ogino-Knaus, che all'inizio pensavo fosse una persona in carne e ossa. Insomma, alla voce «anticoncezionali» tutto era circondato da un fitto mistero, e io vagavo alla cieca nella nebbia insieme a molte delle mie coetanee.

Per la maggior parte dei maschi, invece, il sesso non sembrava un problema e ne parlavano come di una gita al luna park. Ogni ostentazione di virilità era salutata al pari di una festa e suscitava l'ammirazione sconfinata del gruppo. I giovani esemplari della specie si spalleggiavano a vicenda inanellando un antico repertorio di battute a doppio senso e barzellette sporche che presupponevano una conoscenza approfondita degli organi genitali. In piú disponevano di una documentazione dettagliata, grazie a vari giornaletti osceni che circolavano a scuola e venivano lasciati a bella posta nel bagno delle femmine, per marcare il territorio e sottolineare il loro dominio assoluto sulla materia. Anche se poi, al dunque, quando rimanevano da soli a fronteggiare l'altro sesso perdevano ogni sicurezza e non sapevano che pesci prendere. Diciamo che la faccenda era parecchio complicata per tutti, ma per noi ragazze rimanere incinta continuava a essere lo spauracchio piú spaventoso, un contrappasso al piacere che scoraggiava le piú audaci sostenitrici dell'amore libero.

A quel punto Lola è diventata seria e mi ha confessato un segreto, facendomi giurare di non dirlo a nessuno perché avrebbe potuto rischiare il carcere. Mi sono emozionata come non mai, lo svelamento di un segreto è il piú grande suggello di un'amicizia. Qualcosa tipo «ti amerò per sempre» o un patto di sangue.

Giocherellando con gli anelli che aveva alle dita, mi ha rivelato che non era vergine già da un anno e che sua madre non solo lo sapeva, ma si faceva portare da una provvidenziale amica hostess una certa pillola che all'estero si comprava in farmacia ed eliminava il problema. Una scoperta scientifica straordinaria. Molto piú dell'aspirina e di qualsiasi altro medicinale. Ero sbalordita.

– Ma non lo devi dire a nessuno perché in Italia è proibita, anzi è proibito persino diffondere queste notizie, proprio per legge, rischi la galera.

Com'era possibile che nel nostro Paese non si potesse usare un ritrovato da premio Nobel? C'era persino un articolo del codice penale – cosí mi aveva detto Lola scandendo ogni sillaba, «pe-na-le» – che puniva con severità anche chi semplicemente ne parlava, addirittura con un anno di carcere. Dove vivevamo? Invece di distribuirla gratis per le strade e ricoprire di allori chi l'aveva inventata, ci tenevano nascosta una pillola magica che per mi-

racolo spazzava via l'incubo della gravidanza. Ma stiamo
scherzando? Ero solo una ragazzina e già avevano messo una taglia
sui miei desideri. Mi sentivo una fuorilegge, proprio come Bonnie e Clyde, eroi belli e dannati costretti a sparare all'impazzata con il mitra, o almeno questo facevano
nel film che avevo appena visto. La morale cattolica che
aveva rovinato la vita alle nostre madri, costringendole a
comportarsi come le figurine del mosaico di Ravenna, per-
seguitava pure noi, e quel pomeriggio capii quanto fosse
difficile emanciparsi dalle consuetudini che, con fili sottili, ci incatenavano al passato, impedendoci di crescere
come volevamo.

Le monde est gris, le monde est bleu, cantava un francese su Radio Montecarlo e mi è venuto da piangere. Ero
stanca e demoralizzata e non avevo ripassato nemmeno
una declinazione. Che senso aveva studiare quel dannato
greco? Non mi sarebbe servito a nulla, se non per dire un
domani con aria strafottente «Ho fatto il classico» a quelli
dello scientifico. Bella soddisfazione.

Era quasi ora di cena, stavo tardando. Mia madre si sarebbe arrabbiata, mi avrebbe subissata di domande, peggio di un'interrogazione della Barbieri. Inoltre si stava
avvicinando Natale, il periodo peggiore dell'anno: sarei
stata costretta a rimanere in casa o, cosa ancora piú crudele, ad andare a trovare certi parenti semisconosciuti che
mi scrutavano dalla testa ai piedi, annusando a distanza la mia ostilità. Erano mal visti, i giovani non allineati
che cominciavano a mettere in discussione l'impalcatura
costruita con orgoglio dalle generazioni precedenti. I genitori che si ritrovavano in casa quei figli ribelli li giudi-
cavano dei traditori, degli ingrati. Un'altra bella guerra
mondiale, ecco cosa si sarebbero meritati al posto di quel

benessere che li aveva rammolliti facendogli venire voglia di protestare. Cosí concionava mio padre quando decideva di parlare con noi.

Ci vuole una discreta tempra e tanto coraggio per fare una rivoluzione e io, per quanto mi fingessi spavalda, non mi sentivo all'altezza. Ero un po' vigliacca e molto ignorante, ma almeno non ero piú sola. Lola mi stava abbracciando e il suo profumo che sapeva di spezie orientali (mi pare si chiamasse patchouli) lentamente mi rianimava.

L'amicizia è piú potente dell'amore. L'amicizia guarisce e salva e ti assegna un posto nel mondo. E anche se io ero stonata come una campana non se ne sarebbe accorto nessuno perché le mie amiche avrebbero cantato in coro con me. Con il loro piccolo aiuto tutto sarebbe andato bene, l'avevo imparato da una canzone dei Beatles che, si sa, avevano sempre ragione.

Non c'erano piú solo loro adesso, eravamo diventate noi.

4.

– Assemblea! Assemblea! Assemblea!

Queste dolci parole scandite come un ditirambo arrivavano dalla strada nonostante la Barbieri avesse fatto chiudere le finestre dell'aula per non disturbare la lezione. Noi ginnasiali eravamo rimasti in classe. Piú che altro per paura della sospensione, invocata a gran voce dal preside per gli alunni che avessero osato andare alla manifestazione. Per non parlare dei genitori, che promettevano punizioni esemplari a raffica, la piú mostruosa il sequestro del motorino, per i fortunati che lo possedevano.

Insomma, con la politica non bisognava mischiarsi, era la fonte di ogni male e degenerazione, una specie di virus che avrebbe intaccato a vita le fragili menti consegnate con fiducia all'istituzione scolastica. Nella speranza di salvarli da quell'onda malefica alcune famiglie avevano già deciso di iscrivere i figli alle scuole cattoliche e mia madre vacillava ogni sera, difendendosi a mezze frasi dall'interrogatorio pieno di rancore di mio padre. La accusava come sempre di non essere stata in grado di giudicare, di scegliere... un ritornello talmente insistente che negli anni l'aveva convinta della sua inettitudine.

In realtà molti dei miei compagni non capivano bene cosa stesse succedendo e assistevano stupiti ai disordini che scuotevano la secolare compostezza dell'istituto. Io no. Io sapevo tutto, avevo partecipato insieme alle ragazze alla stesura dei volantini. No, non proprio alla stesura, anche se cosí avevo raccontato a Palumbo per suscitare la sua ammirazione. Però avevo contribuito a ciclostilare e distribuire all'uscita di scuola il comunicato degli studenti che chiedeva con determinazione il diritto all'assemblea generale. Per lo stesso motivo alcuni licei erano stati occupati, come le università, e i presidi minacciavano l'intervento della polizia: la sola idea faceva tremare le vene e i polsi.

Il vento dell'insubordinazione si stava diffondendo anche nelle scuole piú conservatrici, persino nella nostra, e la baraonda iniziata prima delle vacanze di Natale, ora che erano ricominciate le lezioni, sembrava inarrestabile. «Studenti! Basta con l'autoritarismo! Il primo e piú importante obiettivo da raggiungere è il diritto di riunirsi liberamente in assemblea! Questo diritto ci è ancora una volta negato dall'autorità scolastica che cerca di sopprimere qualsiasi tentativo degli studenti atto a...» Fin qui lo sapevo a memoria. Altro che quella lagna della donzelletta del Leopardi.

Quando Saverio pronunciava la parola «autoritarismo» inanellando uno dei suoi famosi riccioli era uno spettacolo, e avrei controfirmato ogni sua dichiarazione.

Eravamo da Violante. In cima al palazzo di vetro e cemento c'era una mansarda, la sua, collegata al resto della casa da una ripida scala a chiocciola. I genitori le avevano assegnato quella stanza enorme solo per lei, una sorta di nido d'aquila dove poteva ricevere chi voleva, quando voleva. Un sogno. I suoi erano comunisti, cioè proprio iscritti al Partito comunista, doveva essere questo il motivo per cui erano cosí aperti e libertari. Pure i genitori di Palumbo erano comunisti, eppure la tenevano inchiodata a una disciplina, se possibile, piú rigida della mia. Difficile da capire. Però una differenza c'era: i genitori di Palumbo erano operai, quelli di Violante erano ricchi. A sentir lei, ricchi, borghesi e conformisti come il partito in cui militavano, che Violante criticava aspramente in totale accordo con la variopinta comitiva di ragazzi che si radunavano lassú in quei pomeriggi rivoluzionari.

Anche Violante, nonostante la mansarda, ce l'aveva a morte con i suoi, incredibile. Era complicato per me cogliere le infinite sfumature della nuova dimensione in cui ero entrata di soppiatto, comunque decisa a rimanerci a lungo, almeno fino a quando non avessi scoperto chi volevo essere davvero.

Dentro di me si affollavano tante possibili strade, tutte attraenti e grazie a Dio tutte discordanti da quelle prospettate dalla mia famiglia. Ogni giorno ero in prova con me stessa e giocavo a interpretare una persona diversa. Indossavo identità come se fossero vestiti di carnevale, solo per vedere che effetto facevano.

Per soddisfare la mia nascente anima hippy, con la busta-regalo di Natale avevo comprato di nascosto da mia madre delle camicette orientaleggianti in una specie di emporio indiano dietro al Pantheon, e al mercato dell'usato un basco rosso uguale a quello di Bonnie nel film. Lo portavo di traverso, alla malandrina, per mostrare un po' d'impertinenza da piccola fuorilegge. Mi arrangiavo con i pochi mezzi che avevo a disposizione, ma avrei fatto di tutto per trasformarmi nella donna che sognavo di diventare. Purtroppo per far sembrare le mie gonne delle mini dovevo ancora arrotolarle in vita, una pratica umiliante che poteva reggere fino a primavera; poi, senza piú cappotti salvifici a nascondere l'inestetico malloppo, avrei dovuto trovare una soluzione. Ma qualcosa mi sarei inventata. Ero sempre piú scaltra e intraprendente, disposta a escogitare ogni sotterfugio pur di sottrarmi all'implacabile sorveglianza dei miei che non sospettavano la metamorfosi del loro «tenero pulcino», un nomignolo stucchevole che la mamma usava quando era in vena di effusioni. E invece, anche se non se n'erano accorti, io ero già uscita dal guscio protettivo in cui mi avevano confinato e mi ero esposta «ai venti impetuosi del futuro che soffiano da ogni direzione». Un'espressione poetica di Violante che avevo subito fatto mia. C'era ancora molto da imparare, mi sentivo una spugna, pronta ad assorbire ogni cosa con gli occhi, le orecchie e il cuore aperto. Soprattutto il cuore, che ormai batteva inesorabile per Saverio Sforza, eletto a guida spirituale e non solo. Il mio corpo finalmente cominciava a rispondere, almeno in sua presenza. Lui però non sembrava accorgersi di me. Da quello che avevo capito non aveva la ragazza, era tutto concentrato sul suo universo interiore, senza dubbio ricchissimo, considerando la quantità di libri che leggeva e dei quali poi parlava con voce suadente e ipnotica. Saverio raccontava il mondo perché voleva cambiarlo. In meglio. Cosí mi diceva, con quel suo sorriso appena accennato che illuminava la stanza.

Cambiare il mondo... un'idea fissa che accomunava la mia nuova compagnia. Un pensiero stupendo con cui si alzavano già al mattino presto e che non li abbandonava mai, nemmeno quando andavano a dormire, perché di notte continuavano a sognarlo. Sí, per loro era assolutamente possibile ripartire da zero e sovvertire regole che parevano immutabili: bisognava solo prendere un foglio bianco e, come bambini, disegnare un paesaggio fino a quel momento sconosciuto dove sarebbe stato meraviglioso vivere. L'ispirazione non mancava, ogni cosa era già descritta nei libri e cantata nelle canzoni: bastava leggere, ascoltare e mettere in pratica. Ma si doveva per forza cominciare dalla scuola. Era lí che si annidava l'origine di tutti i mali.

– Perché non possiamo studiare don Milani? – protestava Saverio. – Abbiamo proposto un seminario su *Lettera
a una professoressa* e ce l'hanno rifiutato scandalizzati...
   – Dobbiamo poter decidere le materie di studio per
conto nostro, non essere costretti a seguire programmi
ottocenteschi, calati dall'alto e completamente fuori dalla realtà, – aggiungeva Violante con il suo piglio deciso.
A quelle riunioni era una delle poche a prendere la parola. Nonostante tutto le ragazze, pure le piú preparate, facevano ancora fatica a conquistare la scena. Persino nei
cosiddetti gruppi rivoluzionari le donne non erano considerate autorevoli e questa diffidenza le scoraggiava. Tanto c'era sempre da preparare il caffè, no? Ma Violante era
all'avanguardia, non c'era niente da fare.
   Il problema era che io non sapevo chi fosse don Milani.
   Quando ho scoperto che era un prete sono cascata dalle
nuvole. Fino ad allora, per me, ciò che riguardava la Chiesa
apparteneva a un mondo ammuffito che vedeva il peccato
ovunque e non faceva che perpetuare usi e costumi arcaici
e antiquati, come mia madre.
   Don Milani invece era un sacerdote speciale, un ribelle
che, nella sua piccola scuola di campagna a Barbiana, paesino sperduto nell'Appenino Toscano, aveva sperimentato
un modo diverso di insegnare.
   – «La scuola è come un ospedale che cura i sani e respinge
i malati», – citava Saverio da quel piccolo volumetto tutto
sottolineato che teneva in mano quasi fosse una reliquia.
   E i malati erano i ragazzi in difficoltà, che venivano dalle
famiglie povere e partivano svantaggiati. I professori spesso li bocciavano e basta, fregandosene di chi rimaneva indietro, perché ad aiutarli avrebbero fatto troppa fatica. Ma
cosí la società non sarebbe mai progredita. I ricchi sempre
piú ricchi e i poveri senza speranza.

«Non c'è nulla che sia piú ingiusto quanto far le parti uguali fra disuguali» scriveva don Milani. Era proprio vero, non ci avevo pensato. E ora un prete che chiamavano «scomodo» mi stava finalmente insegnando qualcosa, molto di piú delle inutili ore di religione cui eravamo sottoposti come a una tortura. All'epoca non c'era il salvifico esonero e solo simulando dei malori, ma molto gravi, potevi uscire dall'aula e liberarti da quella imposizione. Don Milani, al contrario, predicava la disobbedienza, scriveva a chiare lettere che «bisogna avere il coraggio di dire ai giovani che essi sono tutti sovrani, per cui l'obbedienza non è piú una virtú, ma la piú subdola delle tentazioni». E quindi in qualche modo, sempre secondo Saverio, benediva e rendeva sacrosanta la nostra ribellione.

Don Milani metteva in discussione ogni cosa, i voti, i programmi, e in classe faceva leggere i giornali perché gli alunni dovevano discutere di quel che realmente succedeva, non solo imparare a memoria sterili nozioni, a pappagallo. E infatti la Chiesa, quella con la c maiuscola, l'aveva processato e punito spedendolo in una frazione lontana, sperando che là non facesse piú danni. Invece lui, imperterrito, aveva continuato a protestare e a praticare le sue idee pericolose. Purtroppo era morto da poco, di un male incurabile, come si diceva, ma Saverio era convinto che fossero stati il dolore e la violenza dell'autoritarismo (sí, ancora quella parola magica) a farlo ammalare. Per fortuna erano rimasti i suoi libri e adesso dovevo leggerli tutti, subito.

Nella mia cameretta avevo nascosto, dentro uno scaffale murato da un esercito di Barbie, un po' di letture proibite insieme al mio diario segreto. Era il risultato di una faticosa trattativa con mia sorella. Lei avrebbe tenuto la bocca chiusa e in cambio io non avrei piú impiccato le sue bambole. Se mi avesse tradito avrei fatto sparire l'intera collezione e messo in atto altre spietate rappresaglie, per esempio spegnerle la lucina da notte, l'unico conforto per la sua paura del buio. Ma quello spazio già non mi bastava piú, la mia fame di novità stava diventando insaziabile. Procurarsi i libri necessari per cambiare il mondo non era facile, se non si voleva sprecare tempo bisognava andare a colpo sicuro. C'era solo un posto dove si trovava tutto e anche di piú. L'indirizzo me l'aveva dato Violante, ma era lontano dal nostro quartiere.

Attraversare la città, per me ancora quattordicenne, rappresentava una piccola avventura. Tipo un viaggio all'estero. Fino all'anno prima ero obbligata a uscire scortata dalla mamma per affrontare la giungla metropolitana, considerata piú pericolosa del bosco di Cappuccetto rosso. Ricordo ancora quando mi diedero finalmente il permesso di andare a comprare il pane da sola, cento metri che mi sono sembrati movimentati ed emozionanti come la spedizione di Marco Polo in Cina. Mi avevano concesso a fatica la libertà di muovermi per conto mio, ma appena giungevo a destinazione dovevo subito telefonare a casa per placare le apprensioni materne, sempre al di sopra della media. Di sicuro la santa donna non mi aveva trasmesso il coraggio, e poco per volta me lo sono dovuto inventare, a forza di azzardi e batticuori.

Dopo un lungo apprendistato, mi aggiravo spedita nel mio quartiere. Quel quadrilatero di strade non mi faceva piú paura, era diventato una zona franca delimitata da boe e punti di arrivo rassicuranti, e io ci sguazzavo dentro come in un confortante liquido amniotico. Alla stregua di un villaggio, il proprio quartiere di appartenenza ha un odore, un colore, un sapore familiare. Per me erano la pizza calda della *Fenice*, i palazzi rossi al tramonto del Coppedè e la puzza di cloro della piscina dei preti dove imparavamo a nuotare. All'epoca pochi tra noi osavano uscire dai confini dei luoghi conosciuti e nel mio caso varcare le colonne d'Ercole in cerca di guai era super proibito. La ribellione però è un motore formidabile e anche quel precetto andava infranto, specialmente se la meta era tanto attraente.

La celebre libreria si trovava in centro, vicino a una piazza con una grande chiesa dove una volta ero stata con i miei genitori per la celebrazione della Santa Pasqua. Un altro segno del Fato che la mia resurrezione partisse proprio da lí? In realtà stavo andando in quella che era considerata da molti benpensanti la casa del diavolo, luogo di perdizione frequentato da capelloni e intellettuali sinistri. Ma questa era una tipica recensione di mio padre, e tutto ciò che lui bocciava diventava ai miei occhi di sicuro interesse. Il viaggio era lungo. Per fortuna ero riuscita a costringere Palumbo ad accompagnarmi con uno dei miei imbattibili ragionamenti filosofici. Le avventure balorde si devono affrontare insieme, sennò che fine avrebbe fatto il gusto di raccontarsele a vicenda durante le lunghe ore di noia scolastica? Come sempre Lucy mi diede ragione.

«Libreria Giangiacomo Feltrinelli», cosí annunciava l'insegna sulla porta d'entrata. Eravamo arrivate. Ci sentivamo due ragazzine sprovvedute, avevamo paura che ci chiedessero qualcosa, non so, una parola d'ordine, invece un signore baffuto ci fece un bel sorriso e ci lasciò esplorare in completa libertà quell'antro delle meraviglie. Non c'erano solo libri e questo entusiasmò subito Lucy, che non aveva alcun interesse per l'articolo principale. Il negozio era tappezzato di manifesti di concerti rock e del faccione di Che Guevara, con il suo bel basco con la stella e la frase «*Hasta la victoria siempre*», ma potevi comprare anche cravatte multicolor spedite direttamente da Londra e collanine orientali con il ciondolo di una divinità dalla testa d'elefante, scritte adesive «*make love, not war*», e va da sé tonnellate di libri, strani volumi di fumetti per grandi che avrei approfondito in un'ulteriore visita, e poi riviste inglesi e americane che parlavano di musica, di giovani e di moda. Una caverna di Alí Babà nel pieno centro di Roma, tutta per noi.

Con un leggero senso di colpa, oltre al libro di don Milani acquistai parecchie decalcománie floreali e un diario con su scritto «love» a caratteri colorati ed espansi come dei palloncini, dove avrei ricopiato solo poesie d'amore dedicate a Saverio. A metà con Palumbo decisi di impiegare gli ultimi soldi per un giornale illustrato con le foto dei vestiti di moda a Carnaby Street. Lucy conosceva una sartina che con poche lire avrebbe potuto copiarli per noi. Per indossarli all'insaputa dei miei genitori li avrei portati a scuola dentro una busta e mi sarei cambiata al bar di fronte prima di entrare. Un po' macchinoso, ma vuoi mettere la soddisfazione? Un passo alla volta ci stavamo organizzando.

Non avevo ancora deciso cosa fare con questa verginità. Lampeggiava nel mio corpo come un allarme intermittente, forse valeva la pena di aspettare e non buttarla via con il primo venuto. Tipo Tommaso, che ora, nonostante il ciuffo, mi sembrava meno attraente della statua di Giulio Cesare nel cortile del liceo. Al solito c'erano opinioni diverse a riguardo e un vivace dibattito era sempre in corso tra le ragazze. Le piú romantiche, vedi Palumbo, optavano decisamente per l'amore vero e aspettavano con gli occhioni spalancati l'apparizione di un eventuale principe azzurro, cui si sarebbero consegnate anima e corpo previa promessa di matrimonio. Mentre l'altro partito, quello delle ribelli, nel quale volevo a ogni costo riconoscermi, asseriva convinto che la prima volta bisognava farlo proprio con qualcuno che non ti piaceva, cosí non rischiavi di innamorarti o restare troppo delusa. Ti toglievi il pensiero ed eri pronta ad affrontare a testa alta nuove conquiste. Ogni giorno mi sentivo piú confusa, ma ormai avevo deciso che mi sarei affidata solo all'istinto, strano spiritello birichino che dopo le lezioni di Lola era diventato la mia guida. Prima o poi il mio corpo avrebbe parlato. Basta spaccarsi la testa nell'inerzia, a ponderare i pro e i contro. Neanche Eva avrebbe addentato la mela se si fosse crogiolata nel dubbio. A forza di rimuginare sarebbe rimasta in eterno a marcire assieme alla frutta che maturava in continuazione in quella noia mortale del Paradiso Terrestre e noi non saremmo mai nati. E invece, per fortuna, aveva scelto l'avventura e la vita vera.

Mentre illustravo questa inedita teoria a Palumbo qualcosa ha attirato la mia attenzione. Con la coda dell'occhio ho intravisto ai tavolini del rinomato bar sulla piazza un uomo seduto accanto a una donna bionda. Era mio padre, e la donna non era mia madre. Ma lui la stava baciando.

5.

– Non mi sposerò mai! Mai!

Lo urlavo in faccia a mia madre che mi guardava atto-
nita mentre due lacrime le solcavano le guance prematu-
ramente invecchiate.

Lo ripetevo a macchinetta, quasi per convincermi di
quello che stavo dicendo.

Non so come fosse nata quella stupida e inutile discussione sul mio futuro, forse da una semplice frase di mamma,
una delle sue sentenze che mi mandavano fuori di testa:
«Quando sarai sposata capirai...» A quanto pare crescendo e maturando avrei dovuto capire l'arrendevolezza e la
pazienza con cui riusciva a sopportare le continue prepotenze del marito che la comandava a bacchetta.

– No, non mi sposerò mai e poi mai! Piuttosto mi faccio suora! – Che era solo per dire, perché quello con Dio
mi pareva un legame ancora piú problematico.

Della bionda non le avevo detto nulla. Un po' perché
secondo me lo immaginava e al solito lasciava correre per
«quieto vivere», uno sport di cui era campionessa olimpionica; un po' per timore delle conseguenze. Non sopportavo
di vederla piangere piú di quanto già non facesse chiusa in
camera, convinta che nessuno la sentisse.

Le sue lacrime mi irritavano. Un inutile esercizio di vit-
timismo per nascondere la debolezza di carattere. Perché
non si ribellava? La tanto decantata docilità femminile

che cercavano di inculcarci per me era vigliaccheria bella e buona, e come Rossella O'Hara avevo giurato solennemente che non ci sarei cascata, mai. In realtà l'eroina di *Via col vento* si era ripromessa di non soffrire piú la fame, ma andava bene lo stesso. Ero crudele, intransigente, estremista, eppure a guidarmi era soprattutto la paura. Sí, la paura di diventare tale e quale a mia madre, perché sotto sotto sentivo di assomigliarle piú di quanto non volessi ammettere. Questi giudizi spietati erano un'arma di difesa per non precipitare nella bolgia infernale del destino riservato alle figlie femmine della famiglia Mei. Una schiera di donne sottomesse alla legge del piú forte. Io, invece, avrei stupito tutti. Non avevo ancora individuato un talento che potesse farmi brillare, ma ero certa che sarei partita come un razzo verso galassie lontane. Potevo diventare una scienziata, o forse no (in matematica andavo malissimo), meglio un'architetta di fama internazionale, avrei costruito palazzi super moderni, piú folli di quello di Violante, o piuttosto una scrittrice di gialli di successo, come Agatha Christie. Comunque sarei stata ricca, tanto da mantenermi da sola e non dover dipendere da nessuno. Sí, questo era il primo punto del mio giuramento di Tara. Il secondo punto, un armadio pieno di abiti spudorati e alla moda. Nel frattempo avrei anche cambiato il mondo, naturalmente.

Mia madre era laureata ma non aveva mai potuto lavorare perché papà, come molti maschi italiani, non trovava decoroso che la moglie portasse i soldi a casa. Mentre a lei sarebbe piaciuto insegnare, e magari non dover chiedere sempre a lui per qualsiasi bisogno. Una vera schiavitú ai miei occhi, sancita da quel legame indissolubile chiamato «matrimonio», un contratto che era una totale fregatura visto che assegnava ogni vantaggio al marito, compreso quello della patria potestà, due paroloni altisonanti che stabilivano proprio per legge la sua supremazia. L'avevo studiato alle medie durante gli insopportabili corsi di economia domestica, materia imposta alle femmine, mentre i miei compagni potevano dilettarsi con applicazioni tecniche, meno noiosa e di certo piú utile. Il manuale scolastico per le brave ragazze, oltre a spiegare le odiose regole fissate nel codice civile per formare una famiglia, insegnava alle fanciulle virtuose i compiti da assolvere per diventare mogli e casalinghe perfette. Ricordo ancora un intero capitolo sul corretto uso della scopa e del nuovo aspirapolvere elettrico. Pregi e difetti a confronto. A illustrare il testo, il disegno di una brunetta felice tutta boccoli, con il grembiule a volant legato con un fiocco e la ramazza in mano. Ma Sara Mei non era nata per spazzare il pavimento al suo futuro sposo. Né tantomeno per indossare volant.

Sposarsi, per una donna, equivaleva piú o meno a una galera a vita. Il marito poteva addirittura leggere la sua corrispondenza, obbligarla a fare l'amore anche se lei non ne aveva voglia e proibirle di lavorare. Un incubo.

– No, non mi sposerò mai!
– Cosí le hai detto? – Palumbo rideva tra i denti con quel suo singulto da animaletto.
– Guarda che è una cosa seria, Lucy –. E subito il mio luogotenente tornò nei ranghi. Incalzandomi con la domanda delle domande: – E della bionda le hai parlato?
– No. Non servirebbe a niente, tanto lei non avrebbe mai il fegato per affrontarlo, pur di evitare una scenata andrebbe in ginocchio sulla Scala Santa. È l'ancella votata a preservare l'umore di mio padre. È fatta cosí e per questo la odio.
– Ti capisco –. Palumbo si era rabbuiata, comprensiva.

Il compito di un'amica è darti ragione, sempre, e lei in questo era la numero uno.

– Allora io vado. Naturalmente siamo state insieme, qualsiasi cosa succede eravamo al cinema a vedere *Gli occhi della notte*, ok?

– Ma l'abbiamo già visto...

– E che t'importa? C'era piaciuto, l'abbiamo voluto rivedere, Audrey Hepburn che fa la cieca è un'interpretazione da Oscar... magari lo vince pure.

Era una giornata frizzante con un sole stiracchiato che anticipava la primavera. Io però ignoravo alberi in fiore e altri segni meteorologici. La natura non mi inteneriva, avevo fatto tardi e non volevo perdermi un pomeriggio in cantina. In realtà non volevo perdermi Saverio. Ormai era la mia dolce ossessione e tutte le sere prima di addormentarmi, sperando di sognarlo, mi apparecchiavo delle storie insieme a lui. Narrazioni avventurose che ci vedevano affrontare viaggi esotici e rocamboleschi. Ieri notte eravamo andati in India per raggiungere i Beatles, che proprio in quel momento erano a Rishikesh, ai piedi dell'Himalaya, in ritiro nell'ashram del santone Maharishi. Ne avevano parlato persino in tv, mostrando una foto sbiadita della band con mogli e fidanzate al seguito, collane di fiori al collo e sorrisi beati. C'erano anche Donovan, uno dei Beach Boys e Mia Farrow, che mi stava antipatica perché era molto magra e secondo me era un'ipocrita. Prima si era messa con Frank Sinatra, un cantante di roba smielata che piaceva a mio padre, poi dal giorno alla notte l'aveva lasciato ed era diventata hippy. Comunque, stufi della cultura occidentale, i Beatles erano partiti per l'India, il posto ideale per scoprire nuovi orizzonti spirituali. Nel sogno io e Saverio avevamo un bungalow vicino a quello di John Lennon, che suonava la chitarra e meditava a ogni

piè sospinto. Con lui sorseggiavamo il tè fumando molti
spinelli che, come è noto, aprono la mente e allargano la
coscienza. Lo sapevo solo per sentito dire, ma avevo deciso di vivere in prima persona quell'esperienza, che mi
avrebbe proiettato a un gradino piú alto della conoscenza. E poi, al di là dei bei discorsi, fumare doveva essere
un'attività parecchio divertente, visto che regnava il buon
umore quando in cantina girava la marijuana. La portava Gigi, un ragazzo di Cinecittà che aveva i capelli molto
lunghi, quanto nessuno del nostro quartiere aveva ancora osato far crescere. Gigi era abilissimo nel rollare queste sigarette con le mani sempre un po' sporche di grasso.
Aiutava il padre, meccanico nell'officina di famiglia, ma
credo guadagnasse di piú con il piccolo commercio per gli
studenti della borghesia romana, che avevano cominciato
ad apprezzare la sua mercanzia.

Purtroppo quel pomeriggio Saverio in cantina non c'era.
Ed erano tutti preoccupati. Qualcuno diceva che era stato
trattenuto durante gli scontri di Valle Giulia della mattina. Alcuni liceali si erano mischiati agli universitari nelle
scorribande per riprendersi la facoltà di Architettura dopo che la polizia l'aveva sgomberata.

L'ansia mi arrivava alla bocca dello stomaco. Quindi
non bastavano i libri e la meditazione trascendentale per
costruire un futuro migliore, bisognava pure scendere in
strada e affrontare le manganellate. Non avevo messo
in conto che crescere fosse cosí difficile.

E poi Saverio aveva il fisico del poeta, magro, longili-
neo, elegante, non riuscivo proprio a immaginarlo in una
battaglia con i celerini. Il sangue, le botte, uno scenario
cruento che contrastava parecchio con il suo misticismo.

Come si mettevano insieme tutte queste possibilità?

Le rotte da percorrere per combattere l'autoritarismo

della società che ci opprimeva erano cosí distanti tra loro che facevo fatica a scegliere la mia. Anche perché avevo appena aspirato un tiro della sigaretta di Gigi e aspettavo con i sensi allertati i tanto decantati effetti psichedelici. Al secondo tiro mi è apparso a tradimento il dottor Martella, il mio pediatra – ebbene sí, mia madre mi portava ancora dal pediatra – che con monotona voce nasale mi chiedeva: «Cosa senti, Sara?»

Avrei finalmente potuto rispondergli. Di solito non sapevo descrivere un malessere, ma un benessere era tutto un altro paio di maniche.

«Un piacevole senso di leggerezza, dottore, diffuso in ogni angolo del corpo, e un'insensata voglia di ridere...»

«Emicrania? Crampi allo stomaco?»

«No, spariti...»

«Bene, allora fai un altro tiro, Sara. Aspira forte e manda giú».

Mentre dialogavo con il dottor Martella è spuntata Beba e ha annunciato che Saverio era scappato in tempo e stava a casa di un amico dei Parioli, dove si era rifugiato dopo gli scontri. Gran sospiro di sollievo generale. C'erano molti feriti sia tra i ragazzi sia tra le forze dell'ordine. Era stata una battaglia vera e propria. Questa volta gli studenti non si erano dispersi e avevano contrattaccato.

Il bollettino era concitato e contraddittorio. I nostri avevano lanciato prima uova, poi sassi e sampietrini, e si erano difesi con dei bastoni ricavati dai legni delle panchine. La polizia aveva caricato duro e sparato i lacrimogeni, ma i manifestanti avevano resistito ed erano riusciti a riprendersi la facoltà. Alla fine, però, quando erano arrivate le autopompe con gli idranti e gli schiumogeni, gli studenti si erano dovuti arrendere. Ne avevano fermati tanti, trascinati nei cellulari con le teste sanguinanti. Per terra invece c'era un manto bianco. Avevano sparato talmente tanta schiuma che pareva avesse nevicato a marzo. C'erano pure i fascisti, ma schierati contro le forze dell'ordine, insieme agli studenti. Incredibile. O almeno questo avevo capito da quei resoconti di seconda mano parecchio convulsi e agitati. Era scoppiato il '68, ma noi ancora non lo sapevamo. Io, poi, meno di tutti.

La visione delle tranquille rive del Gange che mi ero portata appresso per l'intera giornata si confondeva ora con la battaglia di Valle Giulia. Pure i Beatles se l'erano data a gambe con le chitarre al collo, lasciando da solo davanti al fiume lo yogi Maharishi con quel suo sorriso, a essere sinceri un po' ebete, stampato sul volto. Un'immagine che mi faceva ridere nonostante in cantina l'atmosfera non fosse per niente allegra.

Saverio era in salvo, questo era l'importante. Beba però era preoccupata lo stesso. Poco piú grande di lui, era molto protettiva nei confronti del fratello, che sembrava inesorabilmente attratto dal pericolo.

– Saverio è un'anima innocente, non si rende conto... – diceva con infinita dolcezza, scuotendo la testa e attorcigliando una ciocca di capelli tra le lunghe dita, in quello che era diventato un tic ossessivo. Per la proprietà transitiva dei sentimenti amavo anche lei alla follia e non sopportavo di vederla abbattuta.

– Ma ora sta bene? Vero, Beba? – ripetevo in continuazione, non riuscendo a spiccicare altro. L'euforia passeggera della prima canna si era già trasformata in un'ansia indefinita che abbracciava il presente e il futuro come una minaccia biblica.

Avrei voluto dirle che c'ero io a proteggerlo con il mio amore e un'altra serie di fesserie che solo a pensarle mi vergognavo. Ero cosí insignificante per le loro vite, e purtroppo pure per la mia. Cosa potevo fare io, che non avevo nemmeno il coraggio di parlare con mio padre? Le ho stretto la mano e lei ha sorriso. Forse per il momento bastava questo.

I due anni di differenza che ci separavano erano un abisso. A quell'età contano come due decenni, due ère geologiche, e la fatica che facevo ogni giorno per atteggiarmi a ragazza grande e disinibita mi stava consumando. La mia era solo una messa in scena, una recita venuta male. In realtà mi sentivo una bambinetta impaurita e adesso che si era fatto buio non vedevo l'ora di tornare a casa.

Per fortuna papà non c'era, sai che novità. Innumerevoli altre sere giustificava la sua assenza con i soliti impegni di lavoro che ormai conoscevo bene. Potevo risparmiarmi la sua arroganza e nascondermi nella mia cameretta, un approdo sicuro. O, meglio ancora, potevo fare pace con mia madre. Evento astrale non previsto, specialmente dopo le discussioni della mattina. Eppure rifugiarmi tra le sue braccia mi sembrava l'unico conforto che avrebbe potuto darmi sollievo. Ero pronta ad arrendermi e magari piangere un po', una volta tanto essere io a versare lacrime e lei a consolarmi, secondo un vecchio schema collaudato che da tempo sfuggivo come la peste. Ma anche volendo non sarebbe stato possibile, aveva già mia sorella aggrappata al collo, pronta a riscuotere baci e coccole per scacciare via qualche delusione infantile. Un giocattolo rotto? Un rimprovero della maestra? Mamma, con dolcezza, le stava raccontando la classica favola in cui alla fine vivevano tutti felici e contenti. Non c'era piú posto per me.

Non ero piccola e non ero grande. Mi vedevo come un essere senza forma che brancolava nel buio alla ricerca di affetto e conferme, attratto da ogni luce scintillante che appariva all'orizzonte. Sarei mai diventata la persona

che desideravo? Ma, soprattutto, chi era questa persona?
Avevo la sensazione di vivere dentro quel film di fantascienza in cui gli alieni assumono le fattezze dei terrestri
che incontrano per strada, ma presto o tardi qualcuno si
accorge dell'inganno e vengono smascherati.

L'adolescenza sembrava non finire mai, però non si poteva piú tornare indietro. Dovevo per forza attraversare
quella terra di nessuno e dovevo farlo da sola.

«Tanti son soli come noi, – cantava Patty Pravo, – ma
un giorno spero cambierà... vedrai».

6.

– Irresistibile!!! Non si può resistereee! – Dovevamo cantarlo tutti in coro correndo verso un baracchino in mezzo alla spiaggia dove un tipo buffo con i baffetti pettinati ci porgeva sorridendo i gelati. Eravamo esausti e sudati perché il regista ci faceva ripetere la scena all'infinito, voleva piú slancio, piú entusiasmo, e lo urlava a squarciagola dentro a un megafono. D'altronde si trattava della réclame per «il gelato del mondo nuovo», cosí diceva lo slogan, «il gusto fresco preferito dalle nuove generazioni». C'erano tanti ragazzi come me, alcuni impugnavano dei cartelli con su scritto «Vogliamo un'estate piú lunga», scimmiottando una bonaria protesta che avrebbe dovuto attirare il nascente e ambitissimo mercato dei giovani.

Il primo sole estivo di Ostia Lido accarezzava una mattinata di giugno in cui non sarei dovuta essere lí. La scuola non era ancora finita, ma le ragazze mi avevano imbarcato in questa avventura scrivendo una giustificazione con la firma falsa di mia madre. Devo dire riprodotta alla perfezione. Non avevo mai osato tanto, però davano anche un compenso e non mi pareva vero di interpretare la ragazza beat che avevo sempre sognato di essere.

Violante non era voluta venire, era la prima volta che le avevo sentite discutere. Piú intransigente di Lola e Beba, secondo lei con quello che stava succedendo era svilente prestarsi a una simile pagliacciata, che sfruttava la nostra ribellione per vendere un cremino. In realtà si chiamava «croccante» ed era buonissimo, ma mi guardai bene dall'intervenire nella polemica. Avevo paura che andasse tutto a monte, non vedevo l'ora di sentirmi parte di quella comitiva e guardare da vicino Patty Pravo, ormai soprannominata «la ragazza del *Piper*» dal nome del locale alla moda a due passi da casa mia dove non ero ancora riuscita a entrare. Lei ci cantava spessissimo e l'avevano ingaggiata per questa nuova pubblicità inventandosi addirittura un gelato in suo onore. L'avevano chiamato Paiper, con la *a*, per venire incontro al pubblico italiano. Si trattava di un cremolato a doppio gusto che usciva a stantuffo da un tubo di plastica trasparente man mano che lo leccavi, cosí evitavi di sporcarti mentre si scioglieva. Io lo trovavo geniale, come i vestiti che ci avevano messo.

Non ci potevo credere ma indossavo una vera minigonna e delle scarpe alla bebè viste solo nei giornaletti di musica che sfogliavo avidamente con Palumbo. Purtroppo avrei dovuto restituirle, ma almeno per un giorno mi sarei sentita all'altezza delle mie aspirazioni.

L'unico problema era *Carosello*. La réclame sarebbe andata in onda alle otto di sera, nel famoso programma che sanciva la buonanotte per i piú piccini, quando eravamo tutti riuniti per cena. Se i miei genitori mi avessero scoperto sarebbe scoppiato un inferno. Per scongiurare l'infausta eventualità avevo elaborato varie strategie per rendermi irriconoscibile: stavo sempre in fondo al gruppo e buttavo di continuo in avanti i capelli, che adesso erano molto lunghi, a ricoprire il piú possibile il viso. Ma nonostante il rischio non avrei mai rinunciato a questa esperienza unica.

Sarebbe stato inutile chiedere un permesso ufficiale ai miei e soprattutto provare a spiegare a mio padre che la società imbalsamata dei suoi tempi stava cambiando, se anche un'industria di gelati si era accorta che esistevano i giovani. All'epoca dei brontosauri della sua specie si passava senza tante storie dallo stadio di ragazzini a quello di adulti, uomini in miniatura subito pronti ad affrontare la vita vera delle responsabilità, magari facendo carriera gradino dopo gradino in un ente ministeriale, come aveva fatto lui. Lo sapevo a memoria visto che lo ripeteva con orgoglio fino alla noia. Per le femmine, invece, bastava un buon matrimonio, meglio se con svariati figli di contorno.

A turbare le sue granitiche posizioni erano arrivati i teenager, i ribelli, i capelloni, gentaglia che voleva buttare all'aria il passato e inventarsi una società libera dalle convenzioni e dal conformismo. «Roba da matti!» sbraitava mio padre: l'espressione preferita con cui chiudeva sempre le sue invettive.

Piú di tutti mio padre odiava i capelloni. Sarebbe andato con forbici e rasoio in piazza di Spagna – il luogo che avevano scelto per radunarsi quei «mezzi invertiti», cosí li chiamava – a dargli una lezione. Proprio come di tanto in tanto facevano i fascisti per esaltare la loro virilità. Ma ormai l'avevo capito, anche se diceva di votare Democrazia cristiana, mio padre era un fascista fatto e finito. Non a caso quando sentiva al telegiornale la cronaca delle violente incursioni contro hippy e capelloni gongolava per il divertimento. Ed era pure un ipocrita perché la Sacra Famiglia che tanto predicava non la metteva in pratica. E allora avrei trasgredito anch'io, per adesso facendo sega a scuola per rincorrere un gelato e poi chissá...

Comunque avevo deciso di investigare sulla bionda, volevo incastrarlo e inchiodarlo alle sue responsabilità. Se a mia madre stava bene, a me per niente, o almeno cosí ripetevo risoluta alle mie nuove amiche. Lo facevo anche

per rendermi attraente ai loro occhi piú che per una vera
convinzione, sotto sotto ero una fifona e non sapevo da
che parte cominciare. Per ora raccontavo a tinte fosche
l'ignobile tresca paterna, colorandola di dettagli scanda-
losi. Ero pronta a tutto pur di suscitare in loro interesse,
simpatia, affetto o qualunque altro sentimento. Persino
la compassione, se fosse servita a dare un po' di luce alla
mia scialba personcina quasi quindicenne senza arte né
parte. Si fa qualsiasi cosa per elemosinare l'attenzione di
chi ti sta a cuore, piccoli incidenti, gravi malattie di parenti stretti e, meglio ancora, morti e funerali. Ogni avve-
nimento drammatico può servire per proiettarti al centro
della scena e farti sentire finalmente accettata, compresa,
e soprattutto amata. Ne avevo tanto bisogno ed ero pronta a raccattare ogni briciola sentimentale grazie alle mie
recite maldestre. Eppure, mentre mi confessavo con loro
sotto la pergola di un ristorante ancora chiuso, guardando
gli operai che ridipingevano le pareti sbiadite dalla salsedine, mi sono accorta che ero sincera. La brutta storia di
mio padre mi feriva davvero.

Eravamo in pausa pranzo, accasciate sulle sdraio che di
lí a poco avrebbero ospitato le orde di turisti estivi. Non
c'erano ancora i bambini capricciosi armati di secchielli e
palette né i tuffatori esperti, che si lanciavano dall'altis-
simo trampolino della piscina olimpionica circondato da
una grande ruota in cemento rosso, un moderno azzardo
architettonico che aveva reso celebre lo stabilimento balneare in tutto il litorale romano.

Violante però non aveva torto. Spiaggiati su quell'are-
nile fuori stagione, sudati e obbedienti come bravi solda-
tini, eravamo la pallida imitazione dei ragazzi combattivi
che dicevano di voler cambiare il mondo.

Naturalmente Saverio non era venuto. Lui non era beat

e di certo era troppo intellettuale per quel tipo di evasioni, anche se non avevo ancora capito bene il suo tormento. Ma non ero la sola. Dai fatti di Valle Giulia si era chiuso in sé stesso, ci raccontava Beba sbocconcellando con il suo stile impeccabile uno dei panini secchi che ci avevano consegnato dentro una scatola di cartone.

– Ha smesso di suonare la batteria con I Cuori Solitari e passa il tempo a leggere rintanato in camera sua...

– Quell'assurda poesia di Pasolini, poi, l'ha fatto incavolare di brutto... – aveva aggiunto Lola, che a ogni folata di vento sembrava volar via, con la sua massa di ricci a fare da vela.

– Quale poesia? – ho azzardato timidamente. In realtà non sapevo chi fosse questo Pasolini. Non si finiva mai d'imparare. Come mi succedeva con il programma scolastico, appena credevi di dominare una materia sbucava sempre fuori un altro nome che non avevi previsto, e magari all'interrogazione ti chiedevano proprio quello. Per fortuna le mie amiche erano un pozzo di scienza. Allora, Pier Paolo Pasolini era un regista bravissimo ma molto contestato, e anche uno scrittore, un giornalista, un poeta... era tante cose insieme ed era omosessuale, cosí si doveva dire, non «invertito» come blaterava quell'ignorante di mio padre che diceva pure «frocio»: questi erano insulti, ma a lui non gli passava neppure per l'anticamera del cervello. Insomma, Pasolini era dei nostri, assicurava Lola, ma aveva scritto una poesia per difendere i poliziotti che avevano caricato a Valle Giulia. O meglio, per accusare gli studenti che avevano lanciato sassi e attaccato le forze dell'ordine con i bastoni. Spiegava in versi che gli uomini in divisa erano figli dei poveri e invece gli studenti erano figli di papà, viziati e piccoloborghesi. Piú che le università, avrebbero dovuto occupare le fabbriche. E anche se la polizia di base stava dalla parte del torto, era troppo facile prendersela con gli ultimi della Terra, con le divise che puzzavano di rancio. E quello era vero perché al funerale di Pedretti, l'evento che per sua sfortuna è stata la mia fortuna, il fratello piú grande è arrivato tardi tutto sudato e la divisa puzzava proprio cosí. Il fratello di Pedretti era un poliziotto, aveva i pomelli rossi e gli occhi lucidi, e con le mani grandi come pale carezzava la piccola bara bianca quasi fosse sua sorella in carne e ossa invece che un pezzo di legno. Pensando a lui mi veniva di dare ragione a Pasolini, perché prendersela con il fratello di Pedretti per fare la rivoluzione? Ma la faccenda era piú complicata e quello che aveva mandato in bestia Saverio era il seguito della poesia, in cui Pasolini spingeva il movimento studentesco a smettere di giocare e a entrare nel Pci, per dargli una scossa e fare finalmente sul serio. Lui e Violante invece la pensavano all'opposto ed erano convinti che fosse necessario combattere il sistema dall'esterno. Era molto difficile per me prendere una posizione, anche perché non sempre afferravo tutte le sottili differenze che agitavano i loro pensieri. Magari non ero intelligente come credevo, sarebbe stato meglio rassegnarmi e diventare hippy e basta. Un figlio dei fiori non pensa al domani... una prospettiva piú semplice, senza dubbio alla mia portata. E chissà, pure cosí si poteva migliorare il mondo, ma comunque ero preoccupata per Saverio e la sua malinconia.

– Per fortuna si confida tanto con Violante... – Lola e Beba su questo erano d'accordo e molto rincuorate dalla loro intimità. Io no.

L'avevo notato che Violante era la sua confidente privilegiata, avrei voluto chiedere alle ragazze se c'era nell'aria qualcosa di piú, se si erano messi insieme, ma avevo paura di una risposta affermativa. Non potevo competere con lei, era alta, magra e preparata su tutto, mentre a me bastava ascoltare *C'è chi spera* di Riki Maiocchi per sentirmi impegnata. E ora poi sarebbe arrivata l'estate, un buco nero che ci avrebbe separato per mesi. Io ero condannata ad andare in vacanza con mia madre e mia sorella, papà ci avrebbe raggiunto solo nei fine settimana. Un'amara consolazione davanti a quella che era una vera tortura. Prima però dovevo affrontare i quadri e superare l'anno indenne da materie da ripetere a settembre. Non essere rimandati. Tre parole. La chiave di volta per sfuggire al controllo e continuare a condurre la doppia vita lastricata di piccole bugie che mi permetteva di sopportare la galera della famiglia e della scuola.

– Irresistibile! Non si può resistere!
Infine il regista si era placato, decretando il fine riprese. Patty Pravo se ne era andata da tempo. Aveva ripetuto la sua canzone tre, quattro volte cantando per finta, le facevano solo aprire la bocca seguendo le parole, mentre un amplificatore diffondeva il disco a tutto volume. A malapena l'avevamo vista in faccia. Non ci hanno neppure fatto avvicinare per chiederle un autografo, anche se io non avrei mai osato per non fare brutta figura con Beba e Lola, che storcevano il naso davanti a queste smancerie da ragazzini. Invece con Lucy Palumbo un paio d'anni prima avevo rincorso il gruppo dei Rokes, quelli con le chitarre a freccia, quando erano apparsi in lontananza fuori dal Foro Italico. Ci trovavamo lí per assistere a delle gare di nuoto e non ci pareva vero di poter conquistare un autografo dagli autori di *Che colpa abbiamo noi*, una specie di inno generazionale all'acqua di rose che adesso non mi sembrava piú all'altezza dei miei nuovi interessi. Non avevamo carta e penna e pur di possedere quell'ambito cimelio ho

lasciato che firmassero sulla manica del mio impermeabile, una bravata che mia madre ancora mi rinfacciava e che mi era costata una memorabile lavata di testa.

«Un impermeabile appena comprato! Ma tu non ti rendi conto dei sacrifici che facciamo per te... sei un'ingrata... – Condito dal classico: – E chi glielo dice a tuo padre? Ora terrai questo tutto scarabocchiato fino a che non ti sta stretto...» Non sognavo altro.

A fine giornata le guance mi scottavano e avevo le scarpe piene di sabbia. Non era stata l'esperienza che immaginavo, ma a Palumbo avrei raccontato una storia diversa: sí, avrei sfoderato una delle mie fantastiche narrazioni arricchita da un tocco sentimentale, magari l'incontro con un ragazzo super bello che aveva una moto Gilera e abitava all'Eur, che per noi del quartiere Trieste era un altro pianeta e faceva molto esotico. Le avrei detto pure che mi aveva chiesto il numero di telefono per rivedermi e che glielo avevo dato sbagliato perché non mi piaceva.

Ma non c'è stato nessun racconto. Perché il giorno dopo sono usciti i quadri e anche se io e Lucy avevamo conquistato la promozione eravamo in lacrime come gran parte della popolazione scolastica, insegnanti compresi. Avevano sparato a Robert Kennedy e l'universo intero si era fermato. La notizia correva di bocca in bocca, lasciando tutti increduli.

– L'ha detto la radio.

– Gli hanno sparato.

– Hanno fatto un'edizione speciale al telegiornale.

– Proprio come il fratello.

– Come Martin Luther King pochi mesi prima.

– È ancora in coma, forse si salva.

– No, è impossibile, l'hanno colpito al cuore.

– Era a terra sanguinante nel ristorante di un albergo.

– Non c'è piú speranza.

Sono corsa via in corridoio e ho fatto i gradini due alla volta. Volevo vedere le ragazze, avevo bisogno delle loro parole. Sapevo che solo loro potevano spiegarmi perché succedevano certe cose. Come si poteva ancora pensare di cambiare il futuro quando tutto questo odio annullava ogni speranza?

Nella mia corsa a perdifiato mi sono trovata davanti Saverio Sforza, alto, un po' emaciato e con due materie a settembre. Guidata da un istinto assassino l'ho abbracciato e in un impeto l'ho baciato. Sulla bocca. Ma non ho avuto il coraggio di mettere la lingua. Ero in lacrime e lui dolcemente ha ricambiato l'abbraccio. Premendo forte le mie tette sul suo petto ho capito che ero pronta a tutto. Il dolore per la morte di Bob si era mischiato a un nuovo erotismo sconosciuto. D'altronde non ci avevano insegnato che Eros e Thanatos vanno sempre a braccetto? Ma sentivo nella sua stretta qualcosa di fraterno che pian piano spegneva le mie aspettative. In effetti neanche lui aveva provato a mettere la lingua, anzi teneva le labbra educatamente chiuse.

7

La lunga stagione estiva si spalancava davanti a me sconfinata come i deserti dei film di cowboy, e io mi sentivo uno di quei cespuglioni secchi a forma di palla destinati a rotolare nel nulla. Impazzivo all'idea di non vedere ogni giorno le mie nuove amiche e soprattutto al pensiero di Saverio. Il ricordo del nostro unico abbraccio mi faceva ancora venire i brividi. Purtroppo si era concluso con un niente di fatto. Alla fine lui mi aveva offerto un gelato al bar della scuola, come si fa con una sorella minore. Per consolarmi mi aveva rivelato che Bob Kennedy aveva messo in conto da tempo di poter morire, però non si era fermato, come tutti i sognatori che credono in un'idea. E per convincermi aveva citato pure un poeta americano amato da Bob, un certo Emerson mi sembra, che in una poesia diceva: «Fai sempre ciò che temi di fare». Per Saverio era diventata una massima da seguire nella vita. Io l'avevo messa in pratica tentando di baciarlo. E lui? Continuavo a pensare solo a una cosa: «Perché non mi ha portato in cantina, a casa sua?» Forse non gli piacevo abbastanza? Di certo ero troppo piccola e ingenua per i suoi gusti.

Il problema doveva essere la mia verginità, sicuramente un ostacolo. C'erano ragazzi intrepidi, i piú antipatici, che non vedevano l'ora di farlo, e altri che ti rispettavano o non si prendevano la responsabilità della tua prima volta. Saverio doveva essere uno di questi. Comunque sia, d'ora

in poi «Fai sempre ciò che temi di fare» sarebbe diventata
la frase guida per la mia interminabile estate.

Volevo togliermi l'impiccio di torno ed ero determinata
a compiere l'impresa durante quegli inutili mesi di prigio-
nia lontano dalla città. La popolazione maschile della scialba
località balneare non offriva grandi tentazioni, ma avrei
trovato una soluzione decente per quella che era ormai diventata una necessità. Anche se tremavo all'idea di farmi
sfiorare da un altro che non fosse Saverio. Ero cotta e lo
confessavo a Palumbo in lettere accorate, piene di cuoricini e discorsi sconclusionati. Le scrivevo che, per quanto
disperata, il volere del Fato non mi suggeriva di seguire
il destino di Didone, no, non mi sarei uccisa per amore,
piuttosto mi sarei messa a dieta, questo sí. Mi guardavo
allo specchio fiduciosa, sperando che il nuovo costume da
bagno per magia facesse scomparire le rotondità che de-
testavo, invece eccole lí a ricordarmi la distanza del mio
corpo dall'ideale femminile che mi ossessionava. Avrei voluto essere piatta e scheletrica come Twiggy, la modella
della Swinging London che ci guardava dai giornaletti con
i suoi occhioni da bambola, mostrando ginocchia ossute
esaltate dalle mini di Mary Quant, una stilista crudele che
non amava le ragazze mediterranee.

Dovevo tornare a settembre magra, abbronzata, e soprattutto senza piú l'intoppo della verginità. Questo con-
fidavo a Lucy Palumbo, rimasta in città. I suoi genitori
non avevano i soldi per affrontare le lunghe vacanze, che
rappresentavano lo strascico di un boom economico ormai
al tramonto. E lei, in eterno devota, mi rispondeva puntuale raccontandomi delle sue gite in pullman a Focene e
di una nuova comitiva conosciuta allo stabilimento Il Ca-
valluccio Marino, dove facevano una buonissima pasta con
le vongole. Le missive della mia compagna di banco com-

prendevano sempre notizie culinarie, piatti succulenti che le preparava la nonna o altre prelibatezze che assaggiava qua e là, cornetti, panzerotti, bignè e melanzane alla parmigiana... liste infinite che non suscitavano in me alcun interesse e mi facevano pure rabbia perché, malgrado i capelli ribelli come fili elettrici sotto scossa e un aspetto insignificante, Lucy possedeva un metabolismo invidiabile. Mangiava come un facocero e non prendeva un etto. Nonostante questa fortuna non mi sarei mai scambiata con Palumbo, ed era chiaro il perché. Stavo diventando dura e ingiusta con la mia luogotenente e non provai nessuna pietà quando mi scrisse che a causa del sole le era venuto un brutto eritema sul naso. La verità è che non sopportavo l'idea che si divertisse piú di me. Ogni stupidaggine la eccitava e si godeva quell'interruzione scolastica senza pensieri, come una manna piovuta dal cielo. Aveva pure conosciuto un ragazzo piú grande che le faceva il filo, o almeno cosí raccontava tra la descrizione di un fritto misto e quella di un supplí.

Io invece rifiutavo in blocco l'insulsa vita vacanziera che solo un anno prima mi era apparsa tanto attraente. Rabbiosa per il mio esilio forzato, mi sentivo troppo cresciuta per le innocenti passeggiate sul bagnasciuga e le partitelle di pallavolo. Che senso c'era a passare i pomeriggi seduti al bar accanto al juke-box ad ascoltare «ho scritto t'amo sulla sabbia e il vento a poco a poco se l'è portato via...»? Gli amici del mare sembravano cristallizzati nel tempo, tali e quali ai protagonisti di un vecchio film visto mille volte. Li osservavo insofferente ripetere gli stessi riti, consacrandosi alla villeggiatura come se non fosse successo nulla. Non si rendevano conto che il mondo si stava capovolgendo? Nessuno li aveva avvertiti che c'era una guerra nel Vietnam, che erano scoppiate le rivolte studentesche e che bisognava tutti impegnarsi in qualcosa per cambiare la società?

Non che io facessi granché, ma dentro il mio cervello s'intrecciavano mille pensieri che non mi davano pace. M'immaginavo come la Medusa del libro di epica, con una massa di serpenti aggrovigliati sulla testa che reclamavano la mia attenzione. Ognuno mi suggeriva una strada diversa da seguire e mi invitava all'azione, però, al contrario della vera Medusa, che riusciva a immobilizzare i nemici con lo sguardo, a rimanere pietrificata ero io, incapace di prendere qualsiasi iniziativa. Alla fine, esausta, mi buttavo sul letto a combattere noia e fame con i fumetti di Satanik.

Avevo portato con me anche *Il capitale* di Karl Marx, se mio padre lo avesse scoperto sarebbe uscito di testa. Per depistare i suoi sguardi indiscreti ero riuscita a camuffare la pericolosa lettura con la copertina di una vecchia edizione dei *Promessi sposi*, tanto lui non aveva mai aperto un libro in vita sua e infatti non se n'è accorto.

Saverio mi aveva detto che Marx andava letto e che *Il capitale* era un testo fondamentale, praticamente la base per ogni discussione politica. A essere sincera, dopo le prime righe mi sono subito scoraggiata. Sarà stato il caldo o la mia superficialità, ma mi sembrava un po' pesante tutto quel discorso sulle merci e preferivo immergermi nelle trame eversive dell'eroina diabolica. Pure lei non era gradita ai miei genitori, troppo violenta, addirittura pornografica per la loro mentalità bigotta, e proprio per questo mi entusiasmava. Satanik era crudele e spregiudicata ed era una donna, una novità assoluta per l'universo dei fumetti popolato dai vari Kriminal e Diabolik. A ripensarci bene la sua storia è abbastanza scontata, in fondo si tratta della solita Cenerentola che, grazie a una pozione chimica inventata da lei (se non altro è una scienziata e non spazza solo per terra), riesce a trasformarsi da una specie di racchia con gli occhiali e il volto deturpato in una bellezza spaziale che passa il tempo a vendicarsi del mondo che l'ha trattata come una pezza da piedi. Se la prende specialmente con gli uomini, che seduce e uccide a piacimento. Non sarebbe stato male possedere un po' del suo spirito criminale e abbindolare dei tontoloni arrapati indossando una tutina aderente super sexy. Il tocco geniale del disegnatore consisteva nel piccolo copricapo da cui zampillava una coda di cavallo svolazzante simile alla piuma di un elmo guerriero, una trovata che le donava un aspetto ancora piú fiero e combattivo. Per farsi rispettare e conquistare la sua indipendenza Satanik era dovuta diventare un'assassina senza pietà e quindi era odiata da tutti: l'amara parabola riservata alle cattive ragazze che osavano allontanarsi dal sentiero del bene. Cosí capitava alle combattenti sanguinarie che popolavano i testi scolastici, che al contrario di Satanik dovevamo studiare come oro colato. Che differenza c'era tra la guerriera dei fumetti con la coda di cavallo e le Erinni scatenate, le varie arpie e le eroine malvagie che trasformavano gli uomini in porcelli? Nella vita vera ci veniva chiesto di comportarci da suore e pentirci per ogni pensiero proibito, mentre la nostra istruzione era infarcita di narrazioni truculente che parlavano di atroci vendette, incesti e carneficine. E dovevamo pure impararle a memoria. Con questo impeccabile ragionamento mi sono convinta che leggendo «Satanik» in fondo stavo ripassando le lezioni per il nuovo anno e i sensi di colpa sono evaporati in un baleno.

Passavo i pomeriggi in compagnia dei fumetti, lontano dal sole. Ero ormai una vampira confinata dentro un appartamento perennemente umido perché ubicato nel comprensorio vicino al mare, uno dei tanti abusi edilizi che si rincorrevano senza senso sul litorale, simili a dadi colorati buttati a caso da un bambino capriccioso. Sdraiata sul mio lettino ripassavo i vecchi numeri che avevo conservato nel soppalco insieme alle pinne, alla maschera incrostata di sale e ad altri orpelli marini che si abbandonano nelle case di villeggiatura in attesa di un'altra estate.

Tutto odorava di muffa, persino le lenzuola portate fresche da Roma s'impregnavano all'istante di un aroma intenso e sgradevole che sapeva di marcio, come il mondo in putrefazione da cui volevo fuggire. Per quanto mia madre si affannasse con candeggina e detersivi profumati, quell'odore mortifero continuava ad aleggiare al pari di una maledizione. Solo mio padre amava la nostra triste casetta al mare, forse perché poteva abbandonarci per mesi lí dentro senza rimorsi e piombare a sorpresa, come un re nel suo castello. Credo che l'avesse comprata per allontanare la mamma da quel ramo della famiglia che lui non sopportava, cosí da non essere costretto a passare le vacanze nel paesino del Sud con la zia separata, che considerava una matta con troppi grilli per la testa. Lei e la mamma erano solo cugine lontane e si volevano bene anche se si vedevano poco, ma il patriarca dettava le regole e al solito mia madre l'aveva assecondato senza fiatare. Il sabato sera, quando arrivava il marito, lei gli faceva trovare il suo piatto preferito, una teglia di pomodori con il riso che mangiavamo tutti insieme simulando un'allegria forzata. No, non tutti, mia sorella era l'unica sincera e ancora faceva le fusa quando lo vedeva comparire, ma lui era cosí refrattario a ogni forma di sensibilità da non accorgersi del mio risentimento, e tantomeno della profonda malinconia che aveva invaso i lineamenti della mamma, trasformandole il viso in una maschera tragica, con gli occhi spioventi e la bocca all'ingiú. E poi adesso c'era la bionda a distrarlo, anzi, chissà da quanto tempo andava avanti l'ignobile tresca.

Non vedevo l'ora di tornare in città per cominciare la mia indagine, ma soprattutto mi mancavano Saverio e le tre moschettiere che avevano dato un senso alla mia vita. Da quello che avevo capito, Beba e il fratello erano in un campeggio in Sardegna, un luogo libero dai genitori, di certo pieno di ragazze attraenti e non piú vergini. Violante era volata addirittura in America per seguire un corso in qualche meraviglioso campus dove – senza dubbio – fumavano spinelli dalla mattina alla sera, mentre Lola mi aveva mandato una cartolina dalla Grecia, stava in giro con la madre e una comitiva di amici. «Saluti da Paros» c'era scritto con un pennarello rosso e sotto una valanga di firme, cosí tante che strabordavano nello spazio per l'indirizzo. Erano tutti tornati a orbitare in galassie lontane, per me inarrivabili. Avrei voluto possedere la pozione di Satanik e raggiungerli in ogni angolo del globo grazie a una magia spazio-temporale che solo nei fumetti è possibile, e invece ero insabbiata nella terra di Enea a respirare l'umido. Chissà se al ritorno dalle vacanze si sarebbero ancora ricordati di Sara Mei, la loro simpatica mascotte della quarta C. Alla fine solo questo mi sentivo, un peluche spelacchiato che si prende e si butta a seconda dell'umore. Non mi dava piú alcuna soddisfazione sapere che avevo conquistato trionfalmente la quinta ginnasio, grazie alla promozione ottenuta per un soffio con una caterva di sei che mio padre ancora mi rinfacciava. «Intelligente ma non si applica» era il vecchio ritornello che gli insegnanti ripetevano all'infinito. Però, a parte le difficoltà con la prosa di Karl Marx, proprio stupida non ero. L'avevo capito da come imparavo in fretta dalle spiegazioni in classe e soprattutto dalla velocità con cui ero in grado di copiare le versioni da

Palumbo, aggiungendo piccoli tocchi creativi che riuscivano sempre a depistare i prof. La raffinata arte della contraffazione era una delle specialità che noi studenti ribelli dovevamo coltivare per dedicare il minimo indispensabile a quelle materie soporifere. L'importante era rimanere a galla e passare inosservati. Ma a che serviva arrivare fino alla maturità trasparenti come fantasmi? Oltre a cambiare il mondo, che però era parecchio complicato, mi mancava uno scopo, non vedevo traguardi e a volte sognavo di farla finita, per mettere a tacere tutti quei serpenti sulla testa. Lo urlavano pure gli Who che era meglio morire giovani che diventare vecchi, in una canzone pazzesca che dava i brividi. A Lucy avevo detto che non intendevo seguire l'esempio di Didone, ma in realtà alla morte ci pensavo. Prima di tutto a quella dei miei genitori, come a una specie di liberazione, ma anche alla mia.

La morte vagheggiata dagli adolescenti non è reale come nel caso di Pedretti, ma astratta e romantica. Si tratta sempre di un desiderio di attenzione, «finalmente si accorgeranno di me, mi rimpiangeranno amaramente pentendosi delle poche attenzioni che mi hanno riservato in vita...»

La sera, prima di addormentarmi, avvolta nelle solite lenzuola maleodoranti accarezzavo l'idea del mio funerale, una roba sontuosa, con la chiesa piena di amici in lacrime e Saverio che suonava al pianoforte (sí, sapeva pure suonare il pianoforte) un brano dei Beatles, i piú adatti per queste occasioni. Quello che vorremmo sapere da vivi è in che modo ci pensano davvero le persone che amiamo, come ci giudicano, se ci considerano come dicono o ci hanno sempre mentito. Solo da morti, se mai fosse possibile trasformarsi in mosche invisibili e svolazzare tra amici e parenti, potremmo conoscere la verità. Ecco, per questo volevo morire, per sapere se ero veramente amata.

Per la mia fine non mi sarei affidata a soluzioni cruente, scimitarre o pugnali velenosi erano fuori discussione; né tantomeno pensavo alle piú moderne armi da fuoco, troppo melodrammatiche, anche se una bella sventagliata di colpi stile «Bonnie and Clyde» non mi sarebbe dispiaciuta. C'era la poesia di una scrittrice idolatrata da Lola, la citava a memoria come una specie di formula magica nei momenti in cui tutto sembrava andare storto. I versi sono solo l'elenco stringato dei possibili metodi da scegliere per un eventuale suicidio, alla fine però nessuno va bene. Dice piú o meno: «I rasoi provocano dolori, i cappi cedono, l'acido macchia e i fiumi sono freddi […]. Tanto vale vivere». Però non accenna al mare, e il Tirreno ad agosto è piuttosto caldo persino di notte. Provavo a immergermi verso sera, al tramonto, quando la spiaggia era solo mia. Mi dirigevo al largo, puntando al disco infuocato del sole. Ma si toccava almeno fino alla boa e poi io sapevo nuotare grazie alla maledetta piscina dei preti del mio quartiere. Come fanno a suicidarsi i provetti nuotatori? Nei film gli attori, quando si lasciano andare tra le onde per poi scomparire sott'acqua, fanno sempre finta di essere ubriachi o parecchio drogati o entrambe le cose. Tutto sommato non è cosí semplice farla finita.

Ed è proprio durante una di queste esercitazioni che l'ho visto. Ancora Eros e Thanatos, un altro segno del destino?

L'avevo soprannominato il ragazzo delle vongole perché ogni sera con una specie di rete attaccata a un bastone rastrellava la sabbia a caccia di frutti di mare. Non avrà avuto neanche vent'anni, era magro, abbronzato e a torso nudo faceva la sua figura. Ah, era biondo e riccioluto come Saverio, un dettaglio interessante. In piú credo fosse il figlio del bagnino e quello che di solito poteva apparire un demerito agli occhi delle ragazze cittadine per me invece era un punto a favore. Per perdere la verginità era meglio affidarsi a qualcuno fuori del giro, gli facevi questo regalo inaspettato e finiva lí, senza troppe chiacchiere e pettegolezzi. E poi Violante diceva sempre che piuttosto che scegliere i soliti ragazzi borghesi ignari della vita sarebbe stato molto meglio avere una storia con un proletario dalle mani callose. Non avevo ancora visto bene le mani di Rocco, mi sembrava si chiamasse cosí, ma a forza di dragare il mare sarebbe stato di certo all'altezza delle aspettative.

8.

Sabbia, molta sabbia, sabbia ovunque. Questo ricordo
piú di tutto dell'esperienza che per ogni ragazza dovreb-
be essere epocale.

Per farmi forza avevo bevuto d'un fiato un bicchierone
di Fernet Branca, l'unico liquore trovato in casa, ed ero
sgattaiolata di notte fuori dall'appartamento mentre mia
madre e mia sorella dormivano beate immerse nella muffa.
Con Rocco avevo fatto in fretta. Dopo due tramonti
in cui ci eravamo tempestati di baci, nascosti dietro a un
pattino, mi sembrava pronto per la grande prova e avevo
deciso che quella sarebbe stata la sera definitiva. Per fortuna era un ragazzo di poche parole, sapevo solo che era
di Nettuno e aveva un fratello piú piccolo. Il bagnino non
era il padre ma lo zio, meglio ancora.

Procedevo agguerrita sotto una mezza luna orientale,
camminando a passi marziali verso le barche tirate a secco
vicino al bagnasciuga. Era tutto fermo e stellato: cosí doveva essere l'aria del paradiso dantesco, né calda né fred-
da. L'atmosfera ideale per compiere l'impresa. Ma io non
sfoggiavo la santità di Beatrice.

Sotto un leggero abitino a fiori di cotone avevo indos-
sato come precauzione il costume da bagno, se al ritorno
mia madre si fosse svegliata avrei sempre potuto dirle che
ero andata a fare un bagno di notte. Una piccola follia piú
accettabile del crimine di cui stavo per macchiarmi.

Non so fino a che punto lui avesse capito la mia determinazione, ma presto se ne sarebbe accorto. Non avevo mai visto un uomo nudo, a parte le solite statue che affollano i musei. Venturi, che si spacciava per super esperta di sesso, diceva che i genitali maschili nella versione marmorea sono parecchio piú piccoli della realtà. Non sapevo che cosa intendesse con «parecchio» e di lei comunque non mi fidavo perché era una nota raccontapalle. Però un po' mi spaventava l'idea di questo incontro ravvicinato, ma ormai ero risoluta e anche leggermente ubriaca. Per quietare l'ansia ci sarebbe voluto uno spinello, ma in zona non sapevo a chi chiedere e forse era meglio cosí, le canne mi ricordavano troppo Saverio e avevo paura di perdere coraggio e faccia tosta lungo la strada.

Rocco era un ragazzo dolce, senza quei segni di aggressività che tanto mi infastidivano nei maschi. L'avevo studiato per bene prima di prendere la mia decisione. Adesso era lí che mi aspettava, mansueto, appena illuminato dai raggi lontani di una lampada infestata di zanzare dello stabilimento balneare.

– Hai freddo?

– No, si sta bene, non tira un alito di vento.

– C'è la luna crescente.

– Bella maglietta, dove l'hai presa?

– Al mercatino di Anzio.

– Ah…

– Fanno l'ultimo James Bond al cinema di Lavinio…

– L'ho già visto…

Mozziconi di frasi per imbastire un'inutile conversazione, preambolo necessario all'azione che era, per me, l'unico motivo dell'incontro.

Ero cinica e determinata come Satanik con le sue prede e aspettavo che Rocco si decidesse a fare qualcosa. Per

quanto mi sentissi un'eroina diabolica, non ero abbastanza
sfacciata da prendere l'iniziativa. Poi all'improvviso, dopo un paio di baci a ventosa da togliere il respiro, mi sono
ritrovata addosso il corpo di quel ragazzone. Annaspava e
si muoveva a casaccio, schiacciandomi sulla sabbia ancora
tiepida. Era chiaro che non aveva nessuna esperienza – o
almeno credo, visto che neppure io sapevo da dove cominciare – però avrebbe dovuto carezzarmi le tette o provare
a togliermi la mutandine, insomma queste cose le intuivo
anch'io che ero totalmente digiuna in materia. Visto che
stavo soffocando e non succedeva niente ho messo in atto
una mossa a sorpresa, infilando la mia mano nei suoi jeans.
Per la prima volta in vita mia ho capito l'effetto micidiale
di quel gesto presso la popolazione maschile. Come fulmi-
nato da una scossa elettrica Rocco ha intensificato i suoi
scossoni, cercando nel frattempo di togliersi i pantaloni
incastrati nelle scarpe. Le scarpe? Ma non poteva mettersi i sandali? Nella concitazione disordinata e con la sabbia
che volava dappertutto mi sono tolta il pezzo di sotto del
costume (mi pareva una buona idea per facilitare le opera-
zioni) e ho provato ancora a toccarlo, ma lui era talmente
appiccicato al mio corpo che riuscivo a malapena a perce-
pire qualcosa e quello che tastavo non era cosí leggendario.
  Mi avevano parlato di spade sguainate, di obelischi
vittoriosi... dove era finita la sfilza di ridicole metafore
predilette dai ragazzi per descrivere la gloria del loro sesso? Piuttosto, quel che sentivo mi faceva venire in mente
l'Enciclopedia delle Scienze alla voce ben poco erotica di
«Molluschi e anemoni di mare». Eppure lui sembrava molto eccitato e, senza accorgersi del mio crescente disagio,
cercava comunque di insidiare la mia verginità con i mezzi che aveva a disposizione. Per quanto tentasse in tutti i
modi e con tutte le forze, non succedeva nulla di ciò che

doveva succedere e che io un po' avevo immaginato grazie all'osservazione della natura, l'unica maestra affidabile
per noi ragazze in mancanza di istruzioni piú dettagliate
da parte di genitori illuminati o lezioni di educazione sessuale (ma per quelle saremmo dovute nascere in Svezia,
non a due passi dallo Stato Vaticano).
Quindi per i maschi non era tanto facile esibire la famosa virilità di cui andavano fieri? Anche loro erano fragili,
vittime di tempeste emotive che intralciavano i meccani-
smi che credevo scontati. Questo sesso era piú complicato
del previsto e iniziavo a provare tenerezza per noi, per i
nostri corpi giovani e inadeguati, maldestri e approssima-
tivi, per i nostri pensieri dolenti, per i desideri impossibili e tutti i goffi tentativi. Eravamo esseri in costruzione,
dai lineamenti incerti, appena disegnati a matita, viaggia-
tori intergalattici persi nello spazio alla disperata ricerca
di una definizione che ci rendesse liberi e compiuti, asse-
gnandoci un posticino nel mondo. Ma nonostante la luna
e le stelle del litorale laziale, la nostra destinazione finale
restava ancora lontana.
Mentre Rocco si affannava sopra di me facendomi spro-
fondare sempre di piú nella sabbia, la testa mi girava e cominciava a riempirsi di domande. Era colpa mia? Avevo
sbagliato qualcosa? O funzionava cosí? Non sapevo come
comportarmi. Una vocina che arrivava dritta dal passato
mi sussurrava: «Stai tranquilla e aspetta». Quella sera ho
capito che le ragazze si farebbero sparare pur di non umiliare un amante volenteroso, meglio mentire e fingere un
po' di entusiasmo che urtare la sua sensibilità. Ero diventata docile e accomodante, praticamente posseduta dallo
spirito di mia madre.
L'ho lasciato fare anche se, almeno per me, quel po' di
eccitazione iniziale si era eclissato per sempre. L'avventura

che avevo tanto atteso mi sembrava tragicamente fallimentare e potevo solo augurarmi che l'operazione terminasse in fretta. Infatti, poco dopo, come in un classico finale dei fuochi d'artificio, tra ansimi e strani ululati il corpo del mio «partner» si è accasciato, scivolando come un cadavere accanto a me. Si poteva considerare una prima volta? Per fortuna, riprendendo i sensi Rocco mi ha comunicato che il fluido pericoloso che noi ragazze temiamo piú di una sciagura ce l'aveva tutto in mano lui. Una delicatezza nei miei confronti che in quello scenario disastroso ho molto apprezzato. Quindi in qualche modo lui aveva fatto l'amore. Ma io no. E il peggio è che ero ancora vergine. Nonostante la mia abissale ignoranza almeno questo l'avevo capito.

Mi sono rimessa il costume e per precauzione sono entrata in acqua fino alla vita. Non si sa mai bene come si comportano questi spermatozoi, e mi sono ricordata della ragazza che aveva scritto al *Salotto di Brunella* che era rimasta incinta senza neanche togliersi le mutande. Secondo me si trattava di una bufala, ma nel dubbio tanto valeva farsi un bagno, d'altronde l'aria era paradisiaca e il mare era l'unico modo per liberarsi da tutta quella sabbia.

Dentro alle care dolci acque del Tirreno ho ripensato ai miei grotteschi tentativi di suicidio andati a vuoto, ora potevo trascrivere un'altra batosta nel mio diario estivo. Ma già sapevo che a Palumbo avrei raccontato una versione diversa della storia, bastava un po' d'immaginazione per trasformare i fatti e io in questo ero imbattibile.

9.

Mia madre stava quasi perdendo i sensi al bar sotto casa. Il suo volto era pallido nonostante l'abbronzatura e si era ancorata al telefono pubblico con un gettone stretto tra le dita, in attesa di trovare il coraggio di parlare con mio padre. Per distrazione aveva commesso un errore di quelli che d'abitudine mandavano il marito su tutte le furie, piccole sbadataggini che scatenavano la solita cantilena di frecciatine malevole e rimproveri mirati a disintegrare la poca autostima che ancora le rimaneva.

Eravamo appena tornate dalle vacanze con il trenino, cariche di valigie e sporte varie, visto che papà – a causa della solita improrogabile riunione di lavoro – ci aveva obbligato ad affrontare da sole quel che secondo lui era solo un viaggetto. La sua «signora sbadata», cosí la chiamava quando voleva fare il simpatico, si era scordata le chiavi di Roma dentro l'appartamento al mare ed eravamo rimaste chiuse fuori.

Da piú di un'ora stazionavamo al bar *Modern*, accampate tra i fiammanti tavolini di formica rossa che, insieme al bancone in parure e agli sgabelli in acciaio inossidabile, rappresentavano le smaglianti novità introdotte dai proprietari per stare al passo con i tempi. Il luogo aveva perso ogni calore, sembrava un'astronave di un brutto telefilm americano di fantascienza. Non soddisfatto, l'instancabile gestore con un guizzo di fantasia aveva pure cambiato nome all'esercizio, bar *Trieste* suonava troppo vecchio ora che gli anni Settanta erano alle porte e guai a farsi trovare impreparati.

Io ribollivo per la rabbia. Pensavo di farmi una doccia, mettere il vestitino a fiori – che in realtà era un copricostume e quindi il capo d'abbigliamento piú corto che possedevo – e scappare davanti scuola per vedere se trovavo qualcuno. Naturalmente speravo di incontrare Saverio ma anche le altre, persino Palumbo mi sarebbe bastata dopo un digiuno cosí prolungato dalle amicizie e dalle uniche persone che mi comprendevano. Digiuno in tutti i sensi perché alla fine un po' dimagrita ero e non vedevo l'ora di mostrare il mio nuovo aspetto, che prevedeva una frangia spessa e folta fino agli occhi sul modello di Mita Medici, un'altra fortunata frequentatrice del *Piper Club* diventata famosa non mi ricordo bene perché. E invece adesso mi toccava prendere almeno due autobus per raggiungere l'ufficio del dottor Mei e recuperare le chiavi. Mi ero offerta io visto che mamma si era accasciata su una sedia inossidabile e mia sorella frignava come una cicala, stringendo ancora in mano il suo secchiello pieno di conchiglie maleodoranti. Uno strazio non previsto dalla mia tabella di marcia.

Però la Roma settembrina che si apriva davanti ai miei occhi oltre i finestrini del 58 barrato mi mise subito di buon umore. La Città eterna – avrebbe detto la Barbieri – grazie a certi suoi trucchi magici riesce sempre a regalare sorprese inaspettate. Il segreto è un superpotere che sfodera quando le va, magari solo in certe stagioni e sotto un particolare taglio di luce, ma se riesci a cogliere l'attimo e l'angolazione favorevole può avvenire il miracolo e di botto ti senti felice senza un perché.

Con questa suadente leggerezza sono arrivata a destinazione. Dentro l'austero palazzone ministeriale mi hanno comunicato che il dottore era in riunione e sono stata spedita dalla sua segretaria. Mi aspettava in una stanzetta piena di piante ornamentali che sembrava una giungla, e tra un ficus e un filodendro, all'improvviso, è apparsa lei. La bionda. Non potevo crederci. Proprio come nei gialli piú scadenti, l'amante era la segretaria. Peggio, mio padre era il personaggio di una barzelletta, di quelle con il finale scontato che non fa ridere nessuno. Ero impietrita, non mi uscivano le parole.

– Sei Sara, vero?

– Uhm.

– Sei qui per le chiavi, eccole.

– Uhm.

Mentre parlava, le lunghe dita con le unghie rosso fuoco continuavano a battere sui tasti della macchina da scrivere. Senza fiatare osservavo rapita quei tocchi leggeri e sensuali, che piano piano mi stavano ipnotizzando.

– Tutto bene Sara? Vuoi un bicchier d'acqua?

Indossava un golfino d'angora aderente viola pallido. Piccoli ciuffi di lana impalpabile le ammorbidivano le forme, disegnandole intorno al corpo un'aura di santità. La bionda, che si chiamava signorina Rita, era anche gentile e premurosa e non so perché ma a prima vista, invece di odiarla, mi ha fatto simpatia. Quando si è alzata per accompagnarmi alla porta ho visto che aveva non proprio una mini, però una gonna decisamente sopra il ginocchio, una misura comunque esecrata da mio padre. Stavo per scoppiare. Sarei voluta entrare nell'ufficio del dottor Mei e dirgli tutto ciò che pensavo di lui e, per sfregio, buttare all'aria un po' di carte e scartoffie, come avevo visto fare nei film da attrici consumate che per quelle sfuriate si conquistavano pure un Oscar.

E invece niente. Ingobbita e imbambolata per il colpo
di scena, sono uscita dall'edificio con la testa in fiamme,
camminando come un automa.

Ora che sapevo, cosa dovevo fare? Sulla strada del ritorno Roma aveva perso ogni fascino, era diventata brutta
e sgarbata e io con lei.

– Ti rendi conto? Con la segretaria... E non ti dico che
minigonna...

Palumbo abbozzava senza commentare. Potevo urlare
quanto mi pareva perché eravamo sulla terrazza condominiale, rifugio e sfogatoio prediletto dove l'avevo convocata
con urgenza il pomeriggio stesso.

– Hai capito che razza di ipocrita è mio padre...? La signorina Rita, una cosa ridicola...

La mia compagna di banco continuava ad ascoltare
questo monologo esaltato dondolando su e giú la testa
senza proferire una parola, ma all'improvviso qualcosa
deve essersi spezzato dentro di lei ed è scoppiata a piangere. Un pianto dirotto con dei singhiozzi veri, anzi sin-
gulti quasi animaleschi che le mozzavano il fiato impedendole di respirare.

– Lucy, lo so che è terribile, ma dobbiamo mantenere
la calma e capire in che modo farlo uscire allo scoperto
e poi...

Piú parlavo e piú lei si disperava. Per quanto fosse attaccata a me, una simile reazione per la storia di mio padre
con la segretaria era comunque eccessiva. Avevo sempre
apprezzato la sua dedizione, ma mi urtava questa emoti-
vità cosí sbandierata e inopportuna.

– Palumbo, forza, che succede?

E tra uno scoppio di pianto e l'altro ha sibilato: – Sono incintaaa...

Il paesaggio è deflagrato come se qualcuno avesse buttato una bomba a mano tra i panni stesi e i cassoni per l'acqua.

– Sono incintaaa... – ripeteva annaspando tra le lacrime. Nel silenzio da fine del mondo che si era creato, mi è sembrato che queste due parole – uscite dalla sua bocca come per sbaglio – prendessero forma nel cielo, a caratteri cubitali, continuando ad aleggiare tra le nuvole, a beneficio di tutta la città.

– Ma che dici? Sei sicura?

– Ho un ritardo di un mese, ho le nausee... e mi è passata la fameee!

E questo era senza dubbio un brutto segno, almeno per Palumbo. Non aveva mai perso l'appetito, neanche quando si era beccata dalla Barbieri un quattro in storia per aver studiato il capitolo sbagliato.

Una cosa da non credere. La malaugurata profezia che noi ragazze temevamo di piú si era incarnata nella povera Palumbo. E adesso?

L'ho abbracciata d'istinto, volevo proteggerla con il mio corpo, speravo con ingenuità che quella stretta potesse guarirla dalla sua sventura. Non eravamo mai state tanto vicine. Era quasi scomparsa tra le mie braccia. Lei, cosí piccolina, restava avvinghiata alla mia camicetta come un cucciolo abbandonato che ha ritrovato la strada di casa. Mi sono accorta solo allora che ero sempre stata avara di effusioni con il mio luogotenente, le avevo elargito al massimo qualche accenno di affetto senza impegno. C'era qualcosa che m'impediva l'intimità che invece non vedevo l'ora di riservare alle mie nuove amiche. A modo mio le volevo bene, ma non mi piaceva abbastanza. Insomma, non corrispondeva ai canoni che di solito risvegliavano il mio entusiasmo. Una forma di razzismo sotterraneo circolava tra noi ragazze e ci spingeva a discriminare in partenza, con estrema crudeltà, chi non era all'altezza di certi criteri estetici. La lista dei difetti sotto processo era infinita e Palumbo purtroppo li possedeva quasi tutti. Però durante quell'interminabile abbraccio qualcosa era cambiato. Il suo dolore adesso era anche il mio e non vedevo piú gli occhi a spillo e il volto da furetto, ma solamente un'amica che volevo a ogni costo aiutare. Sarà questo il tipo d'amicizia che le donne emancipate d'oltreoceano chiamavano «sorellanza»? Un sentimento bellissimo di cui avevo letto su un libro che mi aveva prestato Lola e parlava di una nuova solidarietà femminile che se ne infischiava delle mode e dell'aspetto fisico. Anzi combatteva a spada tratta la mentalità secolare dei maschi che volevano costringerci ad assomigliare a bambole senza cervello, come le concorrenti dei concorsi di bellezza.

Durante l'ultima elezione di Miss America, ad Atlantic City, una marea di ragazze che si definivano «femministe» aveva protestato contro la gara con slogan e cartelli e bruciato in un bidone reggipetti e trucchi vari, considerati simboli odiosi della loro schiavitú. Non volevano piú essere trattate alla stregua di bestie e soppesate come carne da macello a una fiera. Per provocazione avevano pure infilato una fascia dorata a una pecora, eleggendola «la piú bella degli Stati Uniti».

Non so se volevo diventare anch'io una femminista, di certo avrei fatto fatica a rinunciare al reggipetto che avevo appena conquistato: mia madre lo giudicava un accessorio sconveniente per una ragazzina e invece per me rappresentava l'entrata ufficiale nel mondo dei grandi. Per non parlare di rimmel e rossetto, che dovevo ancora mettere di nascosto, lavandomi la faccia da qualche parte prima di tornare a casa. Ma forse potevamo combattere lo stesso per i nostri diritti senza per forza dare alle fiamme quei beni preziosi. Come al solito ero in balia della confusione piú totale.

Quel che sapevo con certezza è che ero pronta a correre qualsiasi rischio pur di salvare Palumbo dal suo infausto destino.

10.

La sala d'aspetto odorava di varechina e medicinali e
io avevo ricominciato a mangiarmi le unghie. Aspettavo
da piú di mezz'ora seduta in una specie di salottino disa-
dorno in preda a un'ansia maledetta. Stavo rischiando la
galera e Palumbo la vita in quello che non era di certo uno
studio medico, ma un anonimo appartamento del quartiere Prati. Per di piú abitato, visto che si percepiva un forte
olezzo di broccoli appena lessati.

Non pregavo da almeno due anni e nemmeno mi ricordavo bene le parole delle giaculatorie piú importanti, però provai a invocare il Signore chiedendogli di salvare Palumbo, anche se stava commettendo quello che secondo la
Chiesa era il peccato piú atroce. L'aveva ribadito questo
papa antipatico nella sua ultima enciclica, un editto che
sembrava stilato con il sangue delle streghe. Guai a osta-
colare la procreazione! E noi dovevamo pagare, pure sa-
lato, un sedicente dottore per interromperla di nascosto.
Forse era il caso di rivolgersi alla Madonna, che di gravidanze misteriose ne sapeva piú di tutti...

«*Ave Maria, piena di grazia, aiutaci tu, ti prego, salva Palumbo che ha peccato una sola volta e ci è rimasta. A parte la sfortuna, cara Madonnina mia, lei neanche voleva, ma
Giuseppe... purtroppo si chiama cosí il ragazzo, non è un
segno del destino? Scusa, non volevo offendere, ma io credo*

nel Fato... no no, credo in Dio, ma di piú credo in te, che sei una donna come noi... Insomma, Madonna cara che sei misericordiosa, questo Giuseppe l'ha colta un po' di sorpresa e nonostante Lucy avesse letto tutte le rubriche del "Salotto di Brunella" non ha saputo dire di no perché non le pareva vero che qualcuno le dichiarasse il suo amore. Come sai Palumbo non è una bellezza e... no no, questo cancellalo... Ecco, diciamo che al dunque non se l'è sentita di fare la fine di santa Maria Goretti e delle altre martiri che tu conosci bene e non ha potuto far altro che soccombere al piacere, che poi tanto piacere non è stato perché è successo tutto molto in fretta, almeno cosí mi ha detto, ma non è importante... Vergine Santa, ascoltami, ti prego, ti dico solo che la peccatrice in questione ha fatto un fioretto e se sopravvive non mangerà per un anno intero la pizza al taglio alla "Fenice" che lí da te, nel Regno dei Cieli, sembrerà poca cosa, ma qui da noi in terra è un grande sacrificio, amen».

Continuai a pregare cosí, a modo mio, con le mani giunte, seduta su una brutta poltrona di finta pelle color topo, mentre il tempo si era inchiodato per sempre.

Dal giorno del terribile annuncio le cose erano accadute a velocità folle. Come animata da una forza superiore avevo preso le redini di quella che ormai chiamavo in codice «la liberazione di Palumbo». Anche se me la facevo sotto dalla paura, finalmente avevo uno scopo, una vera missione da compiere. Non potevo fallire. Dopo quel pomeriggio in terrazzo la mia disgraziata compagna di banco si era accasciata come una bambola di pezza senza piú volontà e, vista la determinazione che ostentavo con una certa sicumera, aveva riposto una fiducia sproporzionata nelle mie capacità operative. Mi ero subito rivolta a Lola, l'unica che poteva aiutarci, il mio asso nella manica. La ma-

dre frequentava un gruppo di volontarie di un'associazione
che si occupava della salute delle donne e clandestinamen-
te aiutava le ragazze in difficoltà come Palumbo, però non
si doveva dire, perché si esponevano a un grosso pericolo.

L'uomo stava per raggiungere la Luna, ma le donne
italiane vivevano ancora nell'èra delle caverne e, in caso
di gravidanza indesiderata, erano costrette a patire le pe-
ne dell'inferno. Se non addirittura a morire nelle mani di
qualche medico senza scrupoli.

Nel nostro Paese abortire era considerato «un delitto
contro la sanità e l'integrità della stirpe». Ma quale stirpe? Una parola incomprensibile, però se osavi minacciarla
potevi farti fino a cinque anni di carcere. Vedevo già Palumbo dietro le sbarre, con i suoi occhi a spillo e i capelli elettrici, in attesa che i genitori le portassero le arance.
Un'immagine atroce che non mi lasciava dormire la notte.

Violante e Beba dicevano che sarebbe stato meglio andare in Inghilterra, dove si poteva interrompere la gravidanza
senza infrangere la legge; molte partivano, quelle che se
lo potevano permettere naturalmente, ma non era il caso
di Lucy. Per un attimo avevo vagheggiato l'ipotesi di accompagnarla e, con l'occasione, farmi un giretto a Carnaby
Street, un brutto pensiero di cui subito mi vergognai. Dentro di me albergava una cattiva persona che vampirizzava
le disgrazie altrui a uso personale e devo confessare che,
insieme a una sincera solidarietà nei confronti di Palumbo
– adesso la amavo come una sorella –, non mi dispiaceva
aver conquistato a sue spese una certa importanza agli occhi delle mie nuove amiche, che ormai mi consideravano
una di loro o quasi.

L'ipotesi di Londra è stata subito scartata, Palumbo era
minorenne e sarebbe stato impossibile viaggiare senza il
permesso dei genitori, una sciocchezza anche solo averlo

pensato. Per fortuna la madre di Lola, benedetta tra le donne (che la Madonna mi perdoni), era una vera femminista e prese in mano la faccenda. Aiutandoci si assumeva una bella responsabilità, ma aveva capito la situazione, Lucy era troppo fragile per essere abbandonata al suo destino. Ormai avevamo deciso. Luogo, giorno e ora. Eravamo riuscite a prenotare il dottore di sabato, era un noto ginecologo che durante la settimana lavorava in ospedale. Magari era uno di quelli che in pubblico si scagliava contro una legge che ancora in pochi ritenevano necessaria per regolamentare questo scempio e poi, nei week-end, lucrava allegramente sui corpi delle donne. Meglio cosí, Palumbo avrebbe avuto la domenica per riprendersi, e nel caso fosse stata ancora debole era pronta a simulare delle mestruazioni galattiche ed evitare la scuola per il tempo che serviva. Sempre se tutto fosse andato bene. Ma tutto doveva andare bene.

Nonostante il piano fosse definito nei minimi dettagli, Lucy di tanto in tanto ancora blaterava, proponendo soluzioni improbabili che aveva sentito chissà dove.

– Forse è meglio che rimango a casa e mi metto del prezzemolo nella vagina, ho letto da qualche parte che provoca le contrazioni e un aborto spontaneo... che dici, Sara?

– Ma tu sei matta! E allora perché non proviamo con gli aghi da calza, eh? Andiamo da una brava mammana e la facciamo finita. Lo sai quante donne muoiono ogni anno in questo Paese di merda per queste pratiche disumane?

No, era meglio non ricordarglielo per non scatenare un pianto sommesso ma costante dal quale era difficile sollevarla. Eravamo nella sua cameretta ricavata con un tramezzo dalla cucina e parlavamo a bassa voce per non farci sentire dalla madre. La signora Palumbo, solida casalinga di origini abruzzesi, per fortuna non sospettava nulla e stava cucinando un brodo di gallina per curare il lampante abbattimento della figliola, provocato secondo lei da un'imminente influenza di stagione.

Io ero lí per sostenerla con la scusa dei compiti e continuavo a impartire ordini perentori, come un generale sul campo di battaglia che, pur temendo la disfatta, rincuora le truppe in vista dell'attacco finale.

Giuseppe, non quello di Nazareth ma di Monteverde Nuovo, non sapeva niente. Lucy era stata perentoria, non gliel'aveva detto e non c'era stato verso di farle cambiare idea. Non era facile scucirle qualche confessione su questo rapporto, durato lo spazio di una serata o poco piú, anche se Lucy assicurava di averlo amato, almeno in quel momento, e nessuna di noi se l'era sentita di contraddirla. Con Lola pensavamo che Giuseppe di Monteverde avrebbe dovuto prendersi le sue responsabilità, se non altro contribuire all'ingente somma richiesta dal dottore. Un gruzzoletto che avevamo messo insieme a fatica, grazie a varie annate di compleanni di Lucy gelosamente conservate nel suo salvadanaio, piú la mia modesta quota dalla pubblicità di *Carosello* e altre donazioni delle ragazze, in particolare Violante, che aveva piú disponibilità di tutte noi.

– Ma se lo tenessi? Dico questo bambino... Sara, secondo te potrei farcela?

– Certo Lucy, tu sei molto piú forte di quello che credi e se pensi che a quindici anni, da sola, senza un lavoro, e con tuo padre che porta a casa l'unico stipendio, ce la puoi fare, va bene, io sarò con te qualsiasi cosa decidi...

Lo sapeva anche lei che sarebbe stata una vera pazzia, avevamo affrontato tante volte l'argomento, ma doveva essere sicura e determinata. Me lo aveva spiegato la madre di Lola: solo Lucy poteva decifrare il messaggio oscuro e doloroso del suo corpo, noi potevamo solo proteggerla e assecondarla senza interferire, né tantomeno forzare la mano.

Faticavo a mantenere la calma ma non potevo mollare, avevo promesso che l'avrei aiutata a ogni costo e volevo dimostrarmi all'altezza della situazione. Ero furiosa. Non ci avevano insegnato niente della vita vera, avevano pensato solo a rimbambirci di chiacchiere e proibizioni, e adesso, come Hänsel e Gretel, dovevamo cavarcela da sole e trovare la strada per uscire dal bosco.

– Non lo voglio questo bambino, Sara, non l'ho mai voluto. Andrò all'inferno per questo?

– Allora, ragioniamo Lucy, non è ancora un bambino, ma un'ipotesi, e l'inferno non esiste. E comunque, se Dio ha perdonato Maria Maddalena, perdonerà pure te.

Quando tornavo a casa, la sera, non vedevo l'ora di rifugiarmi sotto le coperte del mio lettino, aspettavo che mia sorella si addormentasse e lasciavo andare le lacrime trattenute a forza durante il giorno. Stavo vivendo un'esperienza sproporzionata rispetto alle mie possibilità, non soffrivo solo per Lucy ma anche per le ragazze che, come lei, erano costrette ad affrontare di nascosto un evento cosí devastante, per giunta trattate alla stregua di pericolose criminali. Le scelte e i desideri delle donne erano continuamente calpestati, per non parlare del nostro corpo, sottomesso da secoli, come una terra occupata su cui non avevamo né giurisdizione né controllo. Chiunque poteva decidere cosa farne meno che le dirette interessate. I genitori, lo Stato e persino quel papa con gli occhialetti non facevano altro che dettare odiose regole per umiliarci. Aveva ragione Saverio, era un mondo ingiusto e crudele e dovevamo cambiarlo in ogni modo.

Durante le tormentate notti di attesa feci uno strano sogno. Ero nell'Antica Grecia e mi trovavo in pericolo, circondata da un drappello di nemici. Il mio destino sembrava segnato quando giungevano in soccorso galoppando le leggendarie Amazzoni a seno nudo. Per la precisione di tette ne avevano due, come si vedeva benissimo nell'Amazzonomachia scolpita sul Partenone di Atene e fotografata nell'enciclopedia a fascicoli che l'edicolante rifilava a mio padre ogni domenica mattina. La storia che se ne tagliavano una per maneggiare meglio l'arco pare che fosse una balla inventata dai Greci per sminuire la loro potenza. Insomma, queste celebri combattenti – abili nelle imboscate – sbucavano all'improvviso nel mio sogno armate di tutto punto e mettevano in fuga quel manipolo di mascalzoni che voleva rapirmi. Non so perché ma una di loro aveva la faccia di mia madre. Proprio lei, a seno nudo e armata di arco e frecce. Ci sarebbe voluto Sigmund Freud in persona, uno dei miei ultimi acquisti intellettuali, per interpretare questo incubo, ma forse ci arrivavo da sola.

– Sara, se muoio ti lascio i miei dischi.

– Magari... Ma mi sa che ti toccherà rinunciare alla pizza della *Fenice* per un anno.

Quando la porta si è aperta il tempo ha ricominciato a scorrere, liberandosi all'improvviso dall'incantesimo che lo aveva imprigionato. Una specie di infermiera piú bassa di Lucy è apparsa nella stanza. Sorreggeva a stento la mia compagna, bianca in volto come Pedretti il giorno del suo funerale. Per fortuna Palumbo era viva e per dimostrarlo mi stava lanciando un sorrisetto sbilenco.

– È andato tutto bene. Per il compenso ci pensa lei? – sibilò la piccoletta riconsegnandomi come un pacco l'amica per cui avevo pregato quasi un'ora. Le misi in mano la busta che avevamo preparato con i soldi e mentre Lucy vacillava tra le mie braccia lei li contò, come se fossimo al mercato.

Pagato il riscatto siamo uscite a piccoli passi incerti verso la vita.

– Come sta? – mi ha chiesto al telefono la sera stessa Lola, che voleva essere rassicurata. Parlavo pianissimo, i miei non gradivano chiamate dopo cena, in una casa perbene era sconveniente, ma grazie a dio non sentivano perché erano impegnati a guardare *Canzonissima*, una delle poche cose che li teneva ancora uniti. Caterina Caselli cantava accorata *Perdono* e io scandivo a monosillabi il bollettino di guerra della giornata.

– Sta bene, la tipa del dottore ha detto che prossime ore determinanti, ma non dovrebbero esserci problemi, insomma ce l'abbiamo fatta...

– Ha sofferto? – mi ha domandato Lola con un filo di voce.

– Lo sai com'è Lucy, sempre di poche parole, mi ha detto solo che le hanno messo un asciugamano tra i denti per non farla urlare.

E mentre lo dicevo mi tremavano le gambe.

11

Le note di un pianoforte si disperdevano nei grandi ambienti una volta arredati sontuosamente. Il parquet sconnesso e con molti listelli mancanti scricchiolava sinistro sotto i miei passi, accompagnando la musica misteriosa che cercavo di inseguire stanza dopo stanza. Alle pareti adocchiai numerosi riquadri di tappezzeria dai colori piú vivi, erano orfani di qualche capolavoro finito all'asta. Ora ne rimaneva solo il ricordo. Il portiere, che avevo intercettato nell'androne, non sapeva se Beba fosse in casa e mi aveva lasciato entrare, ma non era venuto nessuno ad accogliermi alla porta del piano nobile, spalancata come un invito. E cosí, furtiva, ero scivolata dentro l'antica magione.

Non ero mai salita a Palazzo Sforza, un luogo ammantato di leggenda che però sapeva di muffa, proprio come i sotterranei che ci era permesso frequentare. Il casato aveva annoverato sotto il suo stemma papi, cardinali e vari esponenti dell'aristocrazia, ma era evidente che i fasti del passato fossero ormai agli sgoccioli. A parte il titolo, restava poco e quel poco era ipotecato da banche e creditori.

Mi ero avventurata lungo le scale maestose per restituire alla mia amica un libro che mi aveva prestato, in realtà una scusa bella e buona per rivedere Saverio. Era scomparso. Sempre piú difficile incontrarlo nei corridoi del liceo o avvistarlo al bar di fronte. Da tempo non si mischiava piú allo stormo dei ragazzi che all'uscita di scuola volavano da un gruppo all'altro come uccellini, nel momento considerato il piú gioioso della giornata, e visto che anche in cantina era dato per disperso, mi ero decisa a fare il grande passo. Dal fatto brutto di Palumbo mi sembrava tutto diverso. Non era solo il turbamento che continuavo a provare, c'era qualcosa di sfocato nel paesaggio circostante. Il quartiere appariva piú triste e la scuola aveva perso i pochi scialbi colori che ricordavo. Era tornata uguale al liceo del cinegiornale d'epoca che ci avevano mostrato una volta in Aula Magna, quello del giorno dell'inaugurazione del 1936, con Mussolini in persona che, con fare tronfio e volitivo, camminava a scatti tra applausi e strombazzamenti. D'altronde non era cambiato granché se i fascisti di via Minturno venivano un giorno sí e uno no a provocare gli studenti all'entrata. Cercavano sempre qualcuno da picchiare, e bastava tenere il «Paese Sera» in tasca per diventare un bersaglio.

Ma non era soltanto la scuola ad apparirmi trasformata. La mia faccia si presentava diversa all'esame quotidiano davanti allo specchio. Intorno agli occhi erano apparse piccole rughe insieme a strane occhiaie azzurrognole, che non riuscivo a nascondere nemmeno con un potente fondotinta comprato per l'occasione. E non dipendeva dal fatto che finalmente avevo compiuto quindici anni. Una nuova me era apparsa una mattina e mi guardava come se volesse dirmi qualcosa che però non riuscivo a comprendere appieno.

È cosí che funziona la crescita? I bambini piccoli vengono assaliti senza motivo da febbri improvvise, poi quando riemergono da queste misteriose malattie hanno piedi piú lunghi e un viso meno infantile, e si dice sempre che è colpa della crescita. Quindi per crescere bisogna un po' soffrire e addirittura mutare pelle, come i serpenti, che a un bel momento abbandonano per strada il loro vecchio involucro trasparente e non ci pensano piú.

Mi concentravo con egoismo sulla mia persona, al solito c'ero io in cima ai miei pensieri, però adesso tentavo di fare uno sforzo per considerare il dolore degli altri, esercizio di generosità che non basta una vita per apprendere. Che fosse pure questo un effetto secondario della crescita? Allora era proprio vero che stavo diventando grande, perché il dolore di Palumbo cominciava a preoccuparmi. Avevo l'impressione che Lucy fosse precipitata in una voragine e tenesse nascosto il suo malessere giú giú in fondo al cuore, rinchiuso per bene in una camera oscura e irraggiungibile che solo lei conosceva. Di quel che le era accaduto non voleva piú parlare, neanche con me. Si sentiva una fuorilegge, e ahimè per la società lo era, e non avrebbe sopportato le stimmate della vergogna e dei sensi di colpa, armi contundenti che si abbattevano sulle ragazze quando osavano quel che non si deve. Per loro la condanna piú dura era convivere in solitudine con questi pensieri neri, che restavano sottotraccia senza passare mai. Dal terribile giorno Lucy aveva quasi mutato carattere: non rideva piú come un furetto alle mie uscite spiritose e spesso rimaneva imbambolata, fissandomi con uno sguardo perso nel nulla. Eppure io ce la mettevo tutta per distrarla, sfoderando per lei un vasto repertorio di stupidate e buffe imitazioni dei prof. In particolare mi ero specializzata nel nuovo venuto, Galeazzo Aiello, insegnante di italiano dalla parlata strascicata condita di latinismi e dialetto siciliano.

Finita l'èra delle supplenti rivoluzionarie, al posto della decrepita Barbieri – finalmente spedita in pensione a sbucciare piselli – c'era toccato questo piccoletto unto e bisunto dal malsano colorito olivastro. Eravamo caduti dalla padella nella brace. Purtroppo al ginnasio il prof. di italiano era anche quello di latino, greco, storia e geografia, in pratica un dittatore che deteneva il potere assoluto. Per nostra sfortuna Aiello si è subito rivelato una specie di maniaco sessuale pronto ad allungare le sue mani sudaticce sulle studentesse che gli capitavano a tiro. E se non bastasse ostentava un'unghia del mignolo lunga come quella di una strega, un artiglio che utilizzava per grattarsi le orecchie fin dentro il padiglione auricolare o scorrere i nomi sul registro per l'interrogazione. Una scena nauseabonda, degna di un liceo sempre piú lontano dalle nostre aspirazioni.

Ma da Palazzo Sforza la scuola sembrava lontana. La musica classica mi aveva guidato dolcemente fino all'ultima stanza, l'unica che ancora sfoggiava un grande tappeto persiano. E lí, davanti ai miei occhi, è apparsa una visione celestiale. Saverio stava suonando chino su un pianoforte a coda, con il volto seminascosto da una cascata di riccioli biondi che ondeggiavano al suono di quello che poi ho scoperto essere un notturno di Chopin.

– Scusa, non volevo disturbare... – E invece sí, non volevo altro che la sua attenzione.

– Lo sai che Chopin è sepolto a Parigi, dov'è morto? Ma ha voluto che il cuore fosse trasportato nella sua amata Polonia, da dove era fuggito dopo la repressione russa contro i nazionalisti.

No, come al solito non sapevo niente della repressione russa né tantomeno del cuore di Chopin, e mentre il mio batteva forte per l'emozione gli chiesi timidamente: – E dov'è adesso il cuore di Chopin?

Saverio aveva smesso di suonare e mi parlava come se stesse ancora inseguendo il filo dei suoi pensieri. – Lo hanno tumulato in una delle colonne della chiesa di Santa Croce di Varsavia dopo che la sorella lo ha trasportato oltre il confine in un'urna piena di cognac nascosta sotto la gonna.

Uno dei pochi vantaggi di quegli ingombranti vestiti ottocenteschi che erano costrette a indossare le donne dell'epoca. L'ho pensato ma non l'ho detto. Avevo sempre paura di uscirmene con qualche stupidaggine in sua presenza e soprattutto di interrompere il flusso di confidenze che mi concedeva quel ragazzo introverso, romantico e scontroso, che non riuscivo mai ad afferrare fino in fondo. In che modo lo trasportano oggi un organo cosí prezioso? Nemmeno un anno prima aveva fatto gran scalpore il primo trapianto di cuore, eseguito da un chirurgo con le orecchie a sventola che, grazie all'impresa, era diventato una star mondiale, ma non credo che avessero usato il cognac. Mi sono guardata bene dal dire anche questa cretinata, limitandomi a fissare Saverio incantata. Avrà pensato che ero un'ebete... Invece, mentre cercavo le parole per dileguarmi nel nulla, l'angelo biondo mi ha domandato a bruciapelo: – Ti va di andare al cinema?

Certo che sí. Magari a vedere *Romeo e Giulietta* di Zeffirelli. Era uscito da poco e non vedevo l'ora di andarci, aspettavo solo l'occasione giusta per inebriarmi con la storia d'amore dei due giovani amanti contrastati dalle famiglie e interpretati da attori giovanissimi, proprio come noi. Ma le intenzioni di Saverio erano decisamente diverse.

– Sei mai stata al Filmstudio?

No, non ci ero mai stata, però lo conoscevo. Era un noto cineclub di Trastevere dove programmavano vecchie pellicole che avevano fatto la storia del cinema oppure film importanti, impegnati, che di solito non passavano nei circuiti normali. Un programma molto alternativo per la gioia di un gruppo di adepti come Saverio, capaci di vedersi anche tre o quattro film di fila in un solo pomeriggio. In quei giorni stavano proiettando *Nostra Signora dei Turchi*, il primo lungometraggio di un regista teatrale. Aveva suscitato un tale scandalo che avevano dovuto ritirarlo dalle sale. Addirittura, in alcuni cinema per protesta gli spettatori indignati avevano fatto a pezzi la tappezzeria delle poltrone ed era dovuta intervenire la polizia. Sospettavo fosse un horror, non esattamente quello che speravo per il mio momento romantico, ma pur di stare con lui sarei scesa negli abissi dell'inferno. Questa Signora dei Turchi, in sua compagnia, non mi faceva nessuna paura.

– Prendo la tessera di Beba per te...

– Ma Beba dov'è? – ho chiesto per cortesia, almeno per giustificare la mia improvvisata.

– È in clinica dalla mamma, ha avuto una delle sue ricadute.

– Non sta bene la tua mamma?

– Non è mai stata bene veramente, va su e giú, ma adesso sembra che abbiano trovato un farmaco capace di stabilizzarla. Un problema di salute mentale... – cosí mi ha detto, senza troppi particolari.

Mentre scendevamo a prendere il motorino Saverio mi ha raccontato dei continui ricoveri della madre in queste cliniche private costosissime, che però le evitavano l'internamento in manicomio, dove non curavano i pazienti ma, a forza di elettrochoc e altre diavolerie, li facevano impazzire anche se pazzi non erano. Ora capivo dove finivano i quadri e i tappeti degli Sforza, e quello che mi era apparso un mondo incantato si sgretolò sotto i miei occhi.

Per Saverio tutto diventava politica e motivo d'indignazione, però avvertivo qualcosa di inquietante nei suoi discorsi, una piega amara di rassegnazione che aveva offuscato il suo entusiasmo giovanile.

– Il carcere, il manicomio, la scuola... sono istituzioni create apposta per controllare i cittadini e privarli delle loro libertà. L'unica via d'uscita è l'abolizione dello Stato con i suoi autoritarismi... – E stavolta la parolina magica aveva perso ogni attrattiva.

Per mettere in moto l'arnese recalcitrante che avrebbe dovuto portarci al cinema Saverio continuava a pestare su un pedale mezzo sgangherato, ma nonostante lo sforzo esclamò lapidario: – Io ormai credo solo nell'anarchia, l'unica vera possibilità rivoluzionaria.

Stavo salendo su un motorino guidato da un anarchico. Tra l'altro era anche proibito andare in due, ma non ho osato sottolinearlo per non fare una figura meschina, e poi l'aria pungente di dicembre era piú malandrina di noi e ci avrebbe protetto da qualsiasi avversità.

Non saprei se dare la colpa ai miei quindici anni, a quel sole inaspettato o ai sampietrini romani che mi facevano sobbalzare avvinghiata a Saverio, ma vi posso assicurare che la nostra corsa in centro è stata una delle esperienze piú erotiche della mia adolescenza. Ho sentito finalmente il mio corpo risvegliarsi dalla glaciazione degli ultimi mesi. Tra l'amplesso fallimentare in riva al mare e lo choc per la sciagurata faccenda di Palumbo, avevo rinunciato a ogni aspirazione sessuale ed ero ormai decisa a convivere a lungo con la mia triste verginità, ma adesso, con le tette incollate alla schiena di Saverio e la faccia affondata nei suoi riccioli profumati di balsamo alla mela o quel che era, mi sentivo di nuovo viva e pronta ad affrontare i «misteri del sesso», cosí li chiamava Venturi quando si atteggiava a donna perduta.

Non avevo ancora capito bene cosa fosse un orgasmo, tra di noi se ne parlava animatamente e ognuna sfornava con piglio scientifico varie teorie sull'argomento. Venturi, dall'alto della sua esperienza sul campo, assicurava che un bottoncino magico capace di aprirti le porte del paradiso si trovasse all'interno della vagina in un punto diverso per ciascuna di noi. Il problema era rintracciarlo, ma lei giurava di averlo scovato. Sarà stato il suo rossetto rosa confetto sempre en pendant con lo smalto a rendere poco attendibili le sue esternazioni, fatto sta che nessuna le credeva. Io mi fidavo solo di Lola, la nostra salvatrice. Una volta mi raccontò di un film svedese che educava al sesso e descriveva addirittura un altro puntino lí sotto che, se stimolato, provocava le famose contrazioni del piacere. Tra l'altro questa clitoride sarebbe stata anche facile da individuare, se solo qualcuno ce ne avesse comunicato l'esistenza, e non solo a noi ma pure ai maschietti della specie, che brancolavano nel buio. E invece ci toccava scoprirla per caso, magari durante un innocente giro in bicicletta. Lola era una sicurezza, in piú era l'unica a possedere una madre pronta a dipanare dubbi e a spazzar via ogni leggenda che annebbiava la nostra conoscenza in materia.

Una sera avevo chiesto a mamma come funzionava la sessualità femminile e lei per tutta risposta aveva sgranato gli occhi esclamando preoccupata: – Ma chi ti mette in testa certe idee?

– Non sono idee, ma'... Tu, per esempio, hai mai provato un orgasmo in vita tua?

– Non è necessario, – replicò secca, continuando come se nulla fosse a panare le fettine di carne per la cena.

Non le avevo ancora detto della signorina Rita. Per parlarle aspettavo di avere delle prove inequivocabili e gli eventi degli ultimi mesi avevano rallentato la mia indagine. Per il momento mi limitavo a stuzzicarla tenendola sotto osservazione, in attesa di sferrare i colpi decisivi. O almeno me l'ero raccontata cosí. Mentire a sé stessi: specialità in cui ero un fenomeno e che placava all'istante i sensi di colpa.

Comunque, ogni cosa a suo tempo. Adesso dovevo recuperare un maledetto quattro in latino arrivato come uno schiaffo all'inizio del primo trimestre. La vita andava troppo veloce per sprecare anche solo un minuto con lo studio di una lingua morta, ma la sufficienza era l'unico salvacondotto per evitare guai in famiglia e non potevo concedermi passi falsi.

La saletta del Filmstudio era invasa dal fumo, i cinefili erano tabagisti accaniti e si accendevano una sigaretta dietro l'altra. C'erano persone di ogni età, perlopiú habitué venuti da soli per godersi la pellicola e certificare, se ancora non l'avessi capito, che quello non era un ambiente per coppiette innamorate.

Quando si sono spente le luci Saverio si è subito immobilizzato e con lo sguardo rapito dallo schermo ha dimenticato che esistessi, mentre io, da povera ingenua, proprio grazie al buio speravo di conquistare un po' d'intimità. Quel piccolo disagio si è trasformato in un'ansia crescente appena è cominciato il film.

Non avevo mai visto niente di piú strano e ingarbugliato, trattenevo a stento lo stupore per non fare brutta figura. Anche perché gli altri in platea erano tutti calmi e rilassati, come se stessero vedendo una cosa normalissima. Con una concentrazione che sfoderavo solo durante il compito in classe di greco mi sforzavo di capire l'andamento della storia, di rintracciare uno straccio di trama, non volevo farmi trovare impreparata, visto che dopo avrei dovuto sicuramente esibire qualche commento. Purtroppo mi era impossibile afferrare un senso nel susseguirsi delle immagini scoordinate che mi passavano davanti agli occhi.

L'attore principale, che era pure il regista, con il volto illuminato da una luce verdastra enunciava frasi stra-
scicate piene di pause: «Ci sono cretini che hanno visto
la Madonna e ci sono cretini che non l'hanno vista mai»
e poi pioggia, buio, coltelli, urla e sangue, un fra Diavolo ubriaco che cucinava all'impazzata sui fornelli e s'in-
gozzava di cibo in un antro oscuro. In realtà i frati erano
due, uno aveva la barba finta, ma era lo stesso attore che
faceva le vocine diverse e si rompeva delle uova in testa.
Di punto in bianco faceva l'amore con una santa che sfu-
mazzava a letto mentre leggeva «Annabella», la rivista
preferita di Palumbo.
    Ero esterrefatta, tremavo all'idea di dover dire qualcosa
a riguardo. Nel bel mezzo del delirio il protagonista, immobilizzato da stracci e corde, rantolava per terra, sembrava uno scarafaggio, e biascicava: «Quelli che vedono
non vedono quello che vedono». Io purtroppo vedevo e
non capivo niente ma stranamente, man mano che il sup-
plizio andava avanti, ero sempre piú rapita da quel flusso
di follia in apparenza senza significato. Fino a che non è
comparso il palazzo moresco sul mare, una fantasia orien-
taleggiante con le cupole e i colori sbiaditi dal salmastro,
ed era proprio lo stesso che avevo visto giú al Sud, vicino
al paese dove abitava la zia separata. L'avevo visto ma in
effetti – come diceva Carmelo Bene – finora non l'avevo
mai visto veramente, e nella piccola sala al centro di Roma
l'architettura da mille e una notte, piena di archi traforati
in bilico tra l'azzurro del cielo e del mare, mi ha raggiunto
con l'impeto di una visione.
    All'improvviso da un balcone è spuntata una signora
con un cappello rosso e in questo bailamme ha cominciato
a togliere la polvere dai tappeti stesi al sole con un batti-
panni. Non so perché, ma ho subito pensato che era una

donna libera, proprio come la zia, considerata a casa mia una mezza matta solo perché aveva lasciato il marito. E per la prima volta ho capito che questa parente reietta era una donna speciale e per questo faceva tanta paura a mio padre, cosí tanta che non voleva che la mamma scendesse giú a trovarla. La zia invece rideva sempre, fumava davanti a tutti e cucinava le sagne, una pasta squisita che ti rimetteva al mondo, e quando mi vedeva mi abbracciava forte forte mentre i miei a malapena mi toccavano. *Nostra Signora dei Turchi* era un inno alla libertà, ecco cosa avrei detto a Saverio, ora lo sapevo. Senza nemmeno aspettare che mi chiedesse qualcosa, appena siamo usciti ho cominciato a sbandierare senza vergogna le mie opinioni sul film, gli ho raccontato della mamma, della zia, delle sagne e di quanto mio padre fosse un bruto proprio uguale a fra Diavolo e ostacolasse ogni libero arbitrio, invece noi ragazze, al pari di Ulisse, eravamo pronte a inseguire la conoscenza.

Non so che mi era preso, ormai ero un fiume in piena. Non avevo mai parlato tanto in sua presenza, ma questo Carmelo Bene e la sua Signora dei Turchi avevano fatto il miracolo e io ero decollata come il santo di Copertino che si librava nell'aria – certo, solo a mezzo metro da terra, ma sempre un prodigio era. D'altronde lo dicevano pure nel film che essere santi vuol dire perdere il controllo e questo dovevamo fare, niente altro. Saverio mi ha ascoltato stupito, con un mezzo sorriso. Pensavo fosse di condiscendenza se non addirittura di compatimento e invece, mentre tiravo un sospiro alla fine di quell'infuocato monologo, lentamente, con dolcezza, ha preso il mio viso tra le sue belle mani da Chopin e l'ha avvicinato a sé... Era un sogno o stava per baciarmi?

12

Un bacio non vuol dire niente. Lo sapevo benissimo. Eppure la notte riuscivo a addormentarmi solo ripercorrendo passo passo, al rallentatore, la sequenza di quel contatto ravvicinato, trasformandola nella scena di un film romantico. Un bacio è l'apoteosi dell'intimità, uno scambio fatale perché la saliva ha un odore e un sapore che possono disturbarti parecchio o invece farti sentire a casa per sempre. E con Saverio era andata proprio così. Come diceva Carmelo Bene, «quando baci la bocca sei tu». Chissà che intendeva? Comunque io l'avevo interpretato a modo mio, neanche fosse una di quelle frasi sdolcinate che trovi sui biglietti dei cioccolatini.

Sebbene non mi facessi illusioni, speravo che la cosa non finisse lí. C'era dentro di me una donna sentimentale che gridava per uscire e già si vedeva sull'altare con il tanto vituperato abito bianco, ma avevo scelto di essere una ragazza rivoluzionaria e avevo baciato un anarchico, figuriamoci se potevo aspettarmi un fidanzamento. Infatti dal pomeriggio al Filmstudio era passata un'eternità e di Saverio si erano perse di nuovo le tracce. Purtroppo il suo sapore stava a poco a poco evaporando, anche se cercavo di trattenere nella memoria tutte le particelle sensoriali che lo componevano.

Eravamo una generazione in bilico tra due ère geologiche, con un piede piantato nel giurassico e un altro proiettato verso un futuro di amore libero da legami e costrizioni. Non potevamo che soffrire. In equilibrio tra quei due mondi provavo a tracciare la mia rotta, perdendomi a ogni deviazione. A scuola tra i piú antiquati vigevano delle regole anacronistiche e le cerimonie per mettersi insieme a un ragazzo prevedevano un protocollo infinito. L'eventuale pretendente doveva farti la dichiarazione ufficiale, ovvero chiederti se ti volevi fidanzare; se non volevi passare per sciacquetta non potevi rispondere subito, meglio aspettare qualche giorno prima di concedere l'assenso definitivo. Solo allora era possibile baciarsi. A volte le tanto attese dichiarazioni tardavano ad arrivare, anche se tutti i segni premonitori congiuravano a favore.

– Gli piaci sicuro, hai visto come ti guarda?

– Mi ha sfiorato la mano.

– Ci sono uscita già due volte, mi ha offerto il gelato però non mi ha detto niente.

– Ma gliel'hai fatto capire?

– Forse non è sicuro e ha paura che gli dici di no.

Volendo seguire l'andamento di questo ridicolo balletto fare il primo passo spettava ai maschi, ma il piú delle volte tentennavano, prendevano tempo, cercavano di indagare con le amiche intime prima di lanciarsi nel vuoto, rischiando un azzardo che poteva trasformarsi in una sonora sconfitta. Non c'era niente che i ragazzi temessero di piú del famoso rifiuto, un'onta che sarebbe diventata subito di dominio pubblico e li avrebbe resi lo zimbello della comitiva, facendogli perdere la faccia. E, peggio ancora, avrebbe gettato un'ombra sulla loro preziosa virilità. Una volta tanto il potere era in mano alle femmine, un potere effimero che le piú scaltre esercitavano con studiata crudeltà, perpetuando una consuetudine tramandata nei secoli dalle nostre antenate. Siamo tutte cresciute convinte di possedere uno scettro inesistente, stregate da una favola che ci ha illuso di essere importanti e desiderate ma, come la carrozza di Cenerentola, il nostro dominio di solito svanisce al primo «sí» e si dissolve nel nulla.

Purtroppo ero costretta a tenere per me queste brillanti elucubrazioni visto che non riuscivo a riversarle su Lucy Palumbo, la mia interlocutrice preferita. Sempre piú spesso disertava i nostri incontri confidenziali sulla terrazza condominiale, forse aveva solo bisogno di tempo, ma io scalpitavo e cercavo nuove sponde. Anche le altre ragazze erano super impegnate e il gruppo si era un po' disperso. Violante frequentava un giro di universitari legati al Movimento studentesco di Milano. Oltre a essere in lite perenne con i genitori, discuteva animatamente pure con Saverio, che l'accusava addirittura di essere una maoista, e per lui non era certo un complimento. Io ormai l'avevo capito che non esisteva un'unica strada per fare questa benedetta rivoluzione, ma non riuscivo a star dietro alle infinite possibilità su cui i miei amici a volte si accapigliavano per interi pomeriggi. Violante in effetti era molto cambiata. Non solo piú spigolosa e intransigente nei modi, la sua mutazione aveva colonizzato in pieno l'aspetto fisico. Da quando aveva deciso di abbandonare l'elegante coiffeur in piazza di Spagna frequentato dalla madre si tagliava i capelli da sola con le forbici da cucina. Il suo bel caschetto alla Vergottini somigliava a una scodella disordinata da cui spuntavano ciuffi in libertà. I cappottini geometrici stile Courrèges erano spariti, ora indossava certe tristi giacchette comprate al mercato dell'usato di via Sannio e non si separava mai dalla sua borsa di Tolfa, un prodotto artigianale di un borgo vicino a Roma rinomato, oltre che per le fettuccine con il ragú di cinghiale, anche per queste bisacce in pelle, un simbolo per i ragazzi impegnati come lei.

Nonostante tutto non aveva perso il suo fascino. Anzi, il piglio selvaggio da capobranco la rendeva ancora piú speciale ai miei occhi, però mi faceva un po' paura, era diventata oscura e tenebrosa e non sapevo se continuare a considerarla un modello da seguire. Per quanto l'idea della rivoluzione mi scaldasse sempre il cuore, di certo non possedevo la determinazione di Violante né il coraggio temerario che le era servito per lanciare le uova alla Scala di Milano. Con la scusa di passare un week-end dalla zia meneghina si era unita al gruppo di manifestanti che avevano imbrattato per protesta le eleganti toilette da sera degli invitati alla prima del prestigioso teatro dell'opera. Un'impresa di cui avevano parlato i giornali, addirittura all'estero e alcuni con simpatia, sottolineando che i ragazzi non ce l'avevano con il *Don Carlo* di Verdi, ma con l'ostentazione della ricchezza tipica di certa borghesia, che era all'origine di ogni male. Tra slogan e cori di scherno i contestatori avevano anche esposto un cartello con scritto: «I braccianti di Avola vi augurano buon divertimento». Pochi giorni prima in quel piccolo paese, fino ad allora famoso solo per le mandorle piú dolci della Sicilia, la polizia aveva sparato ad altezza d'uomo con mitra e pistole contro i braccianti agricoli che manifestavano per un salario dignitoso. C'erano stati molti feriti e due lavoratori avevano perso la vita. Un fatto terribile, che aveva scatenato l'indignazione persino nel mio imperturbabile liceo. Sul terreno erano rimasti centinaia di bossoli: uno scenario di guerra che nella gente aveva provocato rabbia e sgomento, mentre lo Stato connivente non diceva nulla. A Violante le spietate ingiustizie di quella società marcia e decadente provocavano un malessere profondo, non riusciva a pensare ad altro. Per molti studenti la passione politica si stava trasformando in qualcosa di esclusivo e irrinunciabile, una forza centripeta che era destinata a un'accelerazione continua, cosí l'avrebbe descritta la prof. di scienze delle medie. Non bastava piú opporsi solo con le idee al sistema di potere che perpetrava prepotenze e storture varie, era arrivato il momento di intervenire, di far parte della lotta con ogni cellula del proprio corpo.

Man mano che i giorni passavano, mi rendevo conto di non avere la tempra per una militanza senza se e senza ma, mi mancava la forza di ammetterlo e provavo vergogna per la mia vigliaccheria. Mi attiravano troppe cose. Mai avrei rinunciato alle sciocchezze e alle distrazioni che inseguivo al minimo richiamo per dedicare tutta me stessa all'impegno politico. Sí, ero come una gazza ladra che per sua indole naturale corre dietro a ogni luccichio che sbircia in volo e poi rubacchia qua e là una miriade di piccole cose insignificanti per addobbare il suo nido. Era forse un segno di mancanza di carattere o non avevo ancora trovato la mia strada? Aspiravo a diventare questo o quello e dopo un'ora avevo già cambiato idea. Mi sentivo un'«aspirante» cronica, destinata a un'eterna adolescenza abitata da dubbi e ripensamenti. Quand'è che veramente possiamo considerarci fuori dal tunnel? C'è un preciso momento in cui il quadro abbozzato di quel che siamo prende una forma definitiva e ci viene consegnata una carta d'identità con i dati a posto per affrontare a pieno titolo una vita da adulti? Di fatto ero sempre piú sola e le poche certezze che pensavo di aver conquistato mi stavano abbandonando.

Anche le mie altre stelle polari orbitavano da un po' in galassie lontane, ognuna immersa in nuovi interessi. Per Lola era la pittura, si chiudeva in casa interi pomeriggi a riempire grandi tele di colori sgargianti, cimentandosi in un'arte astratta che osservavo stupita e ammirata. Da dove le arrivavano gli impulsi misteriosi che trasformava in una sequenza ininterrotta di pennellate furiose? Il talento era una forza innata o si doveva andare a scovare da qualche parte dentro di noi? E io possedevo qualche talento nascosto? Per quanto cercassi di ascoltare ciascun organo del mio corpo, non ottenevo ancora risposte. Stavo lí seduta a fissarla respirando l'odore della trementina che mi procurava un giramento di testa insieme a un sottile piacere. Proprio come mi succedeva da piccola con la trielina, che inalavo a pieni polmoni quando mamma la usava per smacchiare i pantaloni di papà.

Per quanto mi sforzassi, però, non riuscivo ad appassionarmi piú di tanto alle cose che mi ballavano intorno, e nel frattempo la vita correva veloce e non lasciava tregua. Avevo sempre paura di perdermi qualcosa di meraviglioso che stava avvenendo in quel momento, magari a due passi da me... divertimento, felicità, occasioni uniche che mi sfilavano accanto e che io non sapevo cogliere al volo. Non intendevo restare a guardare con le mani in mano mentre Lola amoreggiava con le sue tele o inseguire Beba inabissata nello studio, visto che si era messa in testa di saltare un anno e presentarsi da privatista all'esame di maturità per togliersi la scuola di torno. Aveva dichiarato perentoria che voleva iscriversi a Medicina. Non ho potuto fare a meno di pensare che fosse un modo per aiutare la sua mamma e venire a capo della misteriosa malattia che l'aveva allontanata da tutti. Ma non era facile aprirmi con lei, ormai esiliata in una dimensione parallela, il volto sempre piú scavato, il biondo dei capelli sbiadito come paglia al sole, la voce flebile ridotta quasi a un sussurro. Piú la osservavo e piú assomigliava a uno dei ritratti scoloriti delle

sue antenate, una dama evanescente che di punto in bianco decide di uscire dal suo quadro austero per farsi un giro
in città, ma delusa presto torna indietro, a rintanarsi nella
sua cornice dorata. Palazzo Sforza – che era stato la nostra
tana preferita, il rifugio felice di un tempo sospeso dove
apparecchiavamo un futuro migliore – si era trasformato
ai miei occhi nel castello stregato della bella addormenta-
ta e lo immaginavo ricoperto di rovi e sterpaglie invalica-
bili, con i pipistrelli appesi ai muri e il vento che entrava
dalle finestre senza vetri. Ma al contrario della favola era
chiaro che il principe azzurro non sarebbe arrivato a salvare i suoi abitanti.

Immersa nel mio pessimismo malinconico, mi ero anche
convinta che nessuno mi avrebbe baciato come Saverio.

– Insieme a te non ci sto piú, guardo le nuvole lassú... –
cantava Caterina Caselli in una gara canora in tv e io, dopo aver messo il 45 giri nel mangiadischi, la intonavo a
squarciagola tra i tetti e le antenne del mio palazzo. Grazie alla proprietà transitiva che certe canzoni possiedono,
avevo capito che io con Saverio non ci stavo piú assieme.
In realtà, a parte quel bacio indimenticabile, c'ero stata
solo nella mia testa, ma certe relazioni nascono e muoiono
nell'immaginazione e ormai avevo deciso che era finita.
D'altronde, chi se ne va che male fa?

Cosí, quasi senza accorgermene, mi avvicinai a Venturi
e al suo mondo rosa confetto. Prima furtivamente, come
un agente segreto in incognito. Avevo paura di urtare la
sensibilità di Palumbo, troppe volte avevamo spettegola-
to insieme sui modi volgari e l'abbigliamento pacchiano
di quella che spesso chiamavamo solo «la stronza» e non
volevo che la mia compagna di banco pensasse a un tradimento. Ma quando all'uscita di scuola Rosaria Venturi,
ciancicando una gomma americana dello stesso colore del

suo rossetto, mi propose un pomeriggio al *Piper Club*, le dissi subito di sí. Non ero ancora riuscita a entrare nel tempio luccicante della musica beat a due passi da casa mia, invece «la stronza» che avevo sempre tenuto alla larga ci andava tutti i sabati. Venturi aveva il privilegio di varcare l'ambita soglia perché il buttafuori era un amico di suo zio: un tipo burbero con la taglia di un gigante, mezzo pelato, ma con le sopracciglia spesse e nere come gli attori dei film muti. Non era anche l'amico dello zio un altro segno del destino? Certo, un segno un po' stiracchiato, ma io l'ho subito accolto tra i miei preferiti.

Allora, questa specie di Caronte aveva un potere assoluto e selezionava meticolosamente la folla che si assiepava all'ingresso desiderosa di entrare. Pochi erano gli eletti che riuscivano a superare lo sbarramento dell'omaccione ottenendo il permesso di farsi risucchiare dal tubo rosso fuoco, che sprofondava in un abisso di piacere. Avevo sempre guardato con invidia i prescelti, non solo piú fortunati, ma pure piú arditi se, come me, dovevano sfidare il veto tassativo dei genitori. Ormai non avevo remore e, agghindata con i capi piú audaci della mia modesta collezione, ero pronta ad afferrare questa occasione unica.

I pomeriggi al *Piper* erano di sicuro meno appetibili delle serate, però nell'antro oscuro illuminato da luci psichedeliche non ti accorgevi se fosse giorno o notte e la musica martellante dei Senate, una specie di house band specializzata in cover di ogni gruppo sulla faccia della terra, completava l'incantesimo. Venturi era di casa e si muoveva a suo agio salutando qua e là gli abitanti di quell'universo irreale. Erano tutti acchittati alla moda, con giacche damascate, miniabiti, pantaloni a zampa d'elefante dalla vita cosí bassa che a malapena c'entrava una zip. Se non fosse stato per l'accento romano del barman, avrei creduto di essere in Inghilterra, in un vero club della Swinging London. Grazie all'amico dello zio, sempre sia benedetto, avevamo rimediato addirittura due buoni gratis per i drink, che a quell'ora erano rigorosamente analcolici. Ma alcuni amici di Rosaria si erano procurati del gin, o cosí definivano uno strano liquido pizzicoso con cui allungavano la Coca-Cola alle ragazze del giro. Lo tenevano in certe bottigliette piatte che non so come avevano portato dentro insieme a degli spinelli rollati talmente bene da passare per innocue sigarette. Finalmente potevo bere, ballare, fumare e flirtare con dei perfetti sconosciuti, come avevo sempre sognato. E non c'era bisogno di fare tante conversazioni. Pure volendo, la musica a tutto volume sparata da grosse casse disseminate un po' ovunque mi costringeva a urlare solo per dire il mio nome. Era bello non pensare a nulla e lasciarsi andare al flusso anonimo di giovani che, come me, non volevano altro che divertirsi. Sembravamo pesciolini in un acquario e nuotavamo felici, sfiorandoci a ogni cambio di corrente. Non importava a nessuno chi eri e come la pensavi, bastava andare a tempo per sentirti parte di un'onda nuova che scacciava qualsiasi malinconia. Non era anche questa una sana ribellione? O stavo giusto placando i miei sensi di colpa per aver disertato la politica?

– È la prima volta che vieni? – mi urlò un ragazzo che avrà avuto sicuramente diciotto anni, con un foularino al collo e la camicia a fiori d'ordinanza. Feci di sí con la testa, abbozzando un sorriso scafato. E lui, ballando, mi afferrò i fianchi e mi fece roteare in mezzo alla pista, dove certe ragazze illuminate da una luce intermittente si dimenavano sopra ai cubi con minigonne vertiginose. Era formidabile il modo in cui abbassavano e alzavano la testa a scatti, facendo ondeggiare i lunghi capelli al ritmo sincopato della band. Le avrei guardate per ore, ma il tipo con la camicia a fiori, che aveva l'arietta sicura di un pariolino figlio di papà, con poche mosse studiate era riuscito a trascinarmi dietro una colonna e adesso mi tastava dappertutto, come quando giochi a mosca cieca e cerchi di riconoscere chi hai acchiappato perlustrando ogni angolo del suo corpo. Ho lasciato fare. Un po' ero ubriaca, un po' si faceva piú fatica a dir di no. Anche quando mi ha ficcato un metro di lingua in bocca ho lasciato fare. Un bacio non vuol dire niente, giusto? Ormai avevo deciso di abbandonarmi e stare al gioco, ma la sua saliva era acida e quel fiato caldo di cane randagio mi ha fatto schifo. Mi ha chiesto di seguirlo nei corridoi bui e gli ho detto di sí, invece sono uscita percorrendo a ritroso il tubo rosso per tornare nel mondo reale.

Era scesa la sera in città, avevo le orecchie attutite dalla musica e mi girava la testa. Mi è venuta voglia di vomitare. Il romantico quartiere Coppedè era dietro l'angolo, un rifugio perfetto, e sui gradini della fontana delle Rane, orgoglio architettonico della piazzetta liberty, ho svuotato lo stomaco. Forse proprio dove si diceva che i Beatles avessero fatto il bagno nudi, in una notte di baldorie romane.

Bene, ora sapevo dove avrei passato il sabato pomeriggio.

13

Lucy aveva ripreso colore e qualche chilo. Finalmente era tornata sul terrazzo condominiale come ai vecchi tempi e per festeggiare l'evento ascoltavamo la musica a tutto volume. Ci avevano copiato pure i Beatles. Le immagini della band che suonava il nuovo disco su un tetto londinese a pochi metri da Piccadilly Circus erano finite persino nei nostri telegiornali. Il cambiamento passava da lassú e noi eravamo fiere di averlo capito per prime. Dicevamo stupidate di questo tipo per allegria. Certo, il panorama non era lo stesso, e per stimolare l'immaginazione avevo portato uno spinello confezionato da Lola per l'occasione. Un favore personale, visto che lei era un'artista anche in questo, mentre io facevo dei panzerotti senza speranza che si aprivano da tutte le parti. «Mi raccomando, leggera», avevo chiesto, perché Palumbo dopo pochi tiri andava subito in paranoia e anch'io, per quanto mi atteggiassi, non ero in grado di reggere quei cannoni stracarichi che giravano in cantina. Ma il pezzo forte del party erano dei bei tranci di pizza rossa della *Fenice* che ho sfoderato a sorpresa. In un attimo io e Lucy ci siamo guardate negli occhi decidendo, senza dircelo, che il fioretto era scaduto.

L'amicizia è una medicina piú potente della penicillina o di qualsiasi antibiotico mai inventato. Non importa quanto tempo o quanta distanza a volte ci separano dalle persone che abbiamo piú a cuore nella vita, basta rivedersi

e incrociare gli sguardi e quella misteriosa energia riprende a scorrere come se non si fosse mai fermata. Questa è
sicuramente la prima legge che regola l'amicizia insieme
a un'altra, forse ancora piú incredibile, che sancisce l'im-
possibilità di raggiungere le vette della felicità da soli. Non
si potrà mai godere di una gioia piena senza condividere
pensieri e parole, allegria e dolori con le persone che ti co-
noscono sul serio e ti vogliono bene per quel che sei. E il
ritorno di Palumbo tra i tetti e le antenne sovrastate da un
plumbeo cielo invernale me lo fece capire subito, proprio
come nel finale delle favole che leggevo alla mia sorellina, quando improvvisamente, dopo il temporale, appare
in cielo l'arcobaleno. Sí, Palumbo era il mio arcobaleno,
nonostante i capelli che nessuna messa in piega riusciva
a domare e gli occhietti che nessun rimmel riusciva a in-
grandire. Addentando con voracità la nostra pizza, cosí
unta che era impossibile non macchiarsi, tutto sembrava
tornato a girare nel verso giusto ed ero pronta a confessare il mio piccolo tradimento.
    – Ti devo dire una cosa, Lucy...
    – Ti devo parlare anch'io, Sara...
    La lista degli aggiornamenti era lunghissima, tanto che
avevo preso degli appunti. Dovevamo assolutamente affrontare la questione del prof. Aiello, eravamo disgustate
dal suo comportamento viscido e volevamo punirlo in qualche modo. Con Venturi avevamo addirittura pensato di at-
tirarlo in una trappola, facendogli credere che lei ci stava
per svergognarlo in pubblico. Ma prima dovevo rivelare a
Lucy che fuori dalla scuola ero diventata un po' amica della «stronza», che poi tanto pessima non era, se la conosce-
vi meglio. A parte l'insopportabile gamma di colori pastel-
lo che indossava a casaccio, era una sognatrice come noi e
voleva solo evadere dal grigiore di cui eravamo prigioniere.

– Comincia tu.
– No, dài, prima tu...
E Palumbo, posseduta da una nuova vitalità, che lí per
lí avevo attribuito alla pizza della *Fenice*, mi rivelò che si
era fidanzata. Proprio fidanzata ufficialmente in casa, come si diceva. Un tale Piero, giovane tipografo dicianno-
venne, mai sentito prima nelle nostre confidenze, era andato dai suoi genitori e davanti a tutti le aveva fatto una
proposta seria, con tanto di anellino, che Palumbo mi mo-
strò con orgoglio. Senza pensarci troppo su, Lucy aveva
accettato. Roba da non credere. Pare che le due famiglie
si conoscessero da tempo perché originarie dell'Abruzzo,
i neo-fidanzatini si erano frequentati sporadicamente durante le feste natalizie nel paesello della nonna e poi, senza
che lei se l'aspettasse, tra la lasagna e il panettone questo
Piero di punto in bianco si era dichiarato e a Palumbo la
cosa era piaciuta.

Piero era premuroso e gentile, molto perbene, insomma il classico bravo ragazzo che faceva le cose all'antica,
e da quel momento il racconto della mia amica diventò
tutto un «io e Piero qui», «io e Piero là», faremo, andre-
mo, ci sposeremo, non subito, lui doveva salire di grado
nella tipografia dove lavorava ancora come apprendista,
lei voleva terminare la scuola... Ma dove erano finiti
i nostri progetti? E il viaggio a Londra pianificato nei
minimi particolari che ci eravamo ripromesse dopo la
maturità? Ero stata defenestrata dai sogni di Palumbo,
rimpiazzata da un giovane tipografo senza arte né parte.
«Sara e Lucy» erano scomparse, definitivamente sosti-
tuite da quel «io e Piero». Di che mi meravigliavo? Alla
fine aveva vinto *Il salotto di Brunella* con le sue sentenze
melense e io mi ritrovavo di nuovo da sola a inseguire le
mie inutili fantasie.

Invece di rallegrarmi per la sua felicità mi stava salendo una specie di rancore misto a rabbia che non riuscivo a dominare. Ma che persona ero? Mentre Lucy parlava dei suoi programmi futuri, che le illuminavano il viso come una miracolosa crema di bellezza, io, con le spalle al muro, provavo a tirare dei respiri profondi per scacciare quei bassi sentimenti che mi facevano sentire in colpa. Eppure non riuscivo a liberarmene del tutto. Un'altra legge dell'amicizia che non avevo messo in conto è quella della gelosia canaglia nei confronti dell'amica del cuore, un impulso irrazionale, a volte piú potente del desiderio di possesso – banale e risaputo – che compromette le storie d'amore, ma non per questo meno doloroso. Mi sentivo tradita, ecco. Chi le aveva dato il permesso di uscire dal garbuglio di esitazioni e patimenti che finora aveva disegnato la nostra adolescenza? Allora, quasi per vendicarmi, le ho detto di Venturi, del *Piper* e dei pomeriggi che le avevo nascosto. Una piccola rappresaglia per digerire il colpo. Volevo ferirla, dimostrare che non avevo bisogno della sua complicità, ormai ero andata oltre le nostre stupidaggini infantili ed ero già proiettata verso una crescita che non prevedeva né lei né tantomeno questo Piero, che adesso occupava i suoi pensieri. Le ho detto che non la biasimavo, che però per me il matrimonio era una scorciatoia troppo facile e un'altra serie di parole velenose che mi uscirono a raffica. Ero un essere meschino, lo sapevo e me ne vergognavo. Ma Lucy Palumbo, senza fare una piega, mi ha sorriso dicendo semplicemente: – Hai fatto bene, dovevi distrarti, con le preoccupazioni che ti ho dato e con i problemi che hai a casa... Sai, Sara, ti volevo dire che ti sarò riconoscente per l'eternità, senza la tua amicizia non ce l'avrei mai fatta –. E allungandosi verso di me si è alzata in punta di piedi e mi ha abbracciato.

L'ascetismo del santone indiano dei Beatles era niente a confronto di quello della mia compagna di banco.
Non meritavo tutto questo bene, però me lo sono preso
lo stesso perché ne avevo tanto bisogno. Unte di pizza e
un po' fatte ci siamo incollate l'una all'altra e abbiamo
pianto mentre la voce di Paul McCartney miagolava *Hey
Jude*. Purtroppo il mio mangiadischi aveva le pile scari-
che, ma nonostante le difficoltà tecniche i versi che co-
noscevamo a memoria ci ricordavano che quando ti as-
sale un dolore devi solo fermarti un attimo e capire che
non è necessario portarsi il peso del mondo sulle spalle.
È proprio vero, una giornata triste – come una canzone
triste – si può sempre trasformare e rendere migliore, di-
pende da te. E cosí, alla fine del lungo coro, che sembra
non smettere mai, la nostra amicizia era tornata limpida
come una sera d'estate.

Quello che temevamo di piú era la solitudine. Potevamo affrontare divieti e sgridate dei nostri genitori, rovesci
scolastici e delusioni amorose, non i crampi della solitudine. Dovevamo sempre avere la possibilità di dire «noi», la
parolina magica che ti salvava dall'isolamento, una mano
tesa che ti aiutava a uscire dal crepaccio dove saresti rimasta a marcire se non avessi avuto le amiche, le altre come
te, difettose, imperfette, a volte crudeli ma le tue amiche,
le anime elette con cui crescere insieme.

Palumbo mi aveva dato una lezione, e mi aveva pure ri-
cordato che c'era una missione da compiere. Che fine aveva fatto il mio animo battagliero? Non dovevo smaschera-
re mio padre e salvare la mamma dal suo giogo malefico?

Pur di non affrontare le mie responsabilità mi ero persa
in mille stupidaggini. Per fortuna Lucy mi era venuta in
soccorso e mi stava suggerendo un piano diabolico, degno
del conte di Montecristo.

– Allora, ho pensato... Dobbiamo pedinare la signorina
Rita quando esce dall'ufficio per la pausa pranzo e vedere
dove abita, cosí poi riusciamo a beccare tuo padre in fla-
grante quando va a casa sua e...
– Ma come ci muoviamo, Lucy? Non abbiamo il motorino, anche se ce lo facciamo prestare ci può vedere...
Il motorino era una nota dolente. Né io né Lucy possedevamo l'oggetto del desiderio di tutta la popolazione
scolastica. I suoi non potevano permetterselo, mio padre
lo vedeva come fumo negli occhi. Non solo pericoloso ma
sconveniente per una ragazza. Dal suo punto di vista aveva perfettamente ragione. Per uno che non faceva neanche guidare la moglie, l'idea che un essere appartenente al
genere femminile fosse indipendente, almeno negli sposta-
menti, libero di svicolare qua e là con il vento che gli alzava
la gonna, era una bestemmia. Lo odiavo pure per questo e
ora avrei smascherato le sue misere infedeltà.
– Non pensare al motorino, tranquilla, andiamo con la
Fanalona... – rispose soddisfatta Palumbo, sfoderando
una misteriosa sicurezza. Era chiaro che per aiutarmi aveva studiato a lungo e quasi mi tornò la voglia di piangere
dalla commozione.
La Fanalona sarebbe la Fiat 600 D, chiamata amichevol-
mente cosí per i fanali piú grandi del modello precedente.
Apparteneva al padre di Piero che, per quanto volesse bene a quel figlio educato e gentile, non era certo entusiasta
di privarsi della sua amata autovettura, che stava ancora
pagando a rate. Ma Lucy aveva convinto il suo docile fidanzato a sposare la mia causa e in una piovosa giornata
del nuovo anno, come tre agenti segreti in un classico film
di spionaggio, ci siamo appostati davanti alla prestigiosa
sede dell'ufficio di papà.
Gli impiegati uscivano a frotte dal grigio palazzone mi-

nisteriale, protetti da ombrelli e cappucci. Non era facile distinguere la sagoma della signorina Rita. Tra l'altro l'abitacolo della Fanalona era invaso da una fitta nebbia. Anche se Piero mi aveva pregato di non fumare, ero troppo nervosa per dargli retta. Rincantucciata sul sedile posteriore per paura che mi beccasse mio padre, accendevo una sigaretta dietro l'altra. Ormai avevo imparato e in preda all'ansia aspiravo due o tre boccate e poi le buttavo. Faceva un caldo bestiale e i nostri fiati appannavano i vetri, ma quando aprivo il finestrino entrava la pioggia a raffiche e Piero mi scongiurava di chiuderlo. Il neo-fidanzato di Palumbo, un ragazzone con il mento aguzzo e la bocca sottile, non aveva ancora capito bene cosa ci facevamo posteggiati lí. Malgrado la gentilezza e l'amore manifesto che provava nei confronti di Lucy, aveva la fronte imperlata di sudore, e non solo per l'atmosfera irrespirabile. Si guardava bene dal dirlo, ma era preoccupato per la macchina. A porre fine a quell'inferno sono apparse due gambette magre ricoperte a malapena da una minigonna.

– Guarda che mini porta la stronza... Che ti avevo detto? Sta prendendo l'84... Presto, seguiamola!

– Piero, metti in moto, dài, svelto...

Piero aveva lavorato tutta la notte in tipografia, non si era neanche fatto la doccia per accompagnare il padre al lavoro e tenersi la macchina. Stringeva il volante inebetito con le mani sporche di inchiostro, ma per fortuna eseguiva gli ordini di Lucy come un automa. Sotto quella maledetta pioggia battente non era facile pedinare un autobus nel traffico e controllare a ogni fermata i passeggeri che scendevano, eppure ce l'abbiamo fatta. All'improvviso le gambette magre sono ricomparse sul marciapiede e ci hanno portato dritte davanti a un edificio che era senza dubbio un asilo, vista la quantità di marmocchi urlanti con impermeabili e galosce che sguazzavano tra le pozzanghere insieme ai loro genitori.

Un bambino? La signorina Rita era andata a prendere un piccoletto dal visino pallido e smunto e ora lo abbracciava riparandolo sotto l'ombrello.

Nell'abitacolo della Fanalona scese il silenzio. L'autovettura allegra, simbolo della ripresa post-bellica, orgoglio del boom economico, invece di presagire un avvenire radioso era diventata lo scenario di una tragedia.

– Che devo fare adesso? Li seguo? – La voce sommessa del fidanzato di Palumbo ci richiamò all'ordine.

– La signorina Rita ha un figlio! Vuoi vedere che è sposata anche lei!? Doppio adulterio! – esclamò Palumbo con piglio deciso. Da quando aveva assunto il comando della spedizione si era trasformata in una specie di detective e commentava ogni fase dell'operazione analizzando indizi e azzardando conclusioni con la pedanteria di una Miss Marple, di cui tra l'altro era un'appassionata lettrice.

– Grazie, io scendo qui, ti raggiungo dopo a casa... – dissi, e senza lasciare il tempo a Piero di accostare la Fanalona scesi in strada spingendo fuori Palumbo quasi di peso.

– Dove vuoi andare? Stai attenta! Non fare scemenze...

– E comunque chi l'ha detto che è suo figlio? Potrebbe essere un nipote... – aggiunsi quando ero già sul marciapiede, all'inseguimento della strana coppia che trotterellava davanti a me.

– Saraaa! Ragioniamo, abbiamo un piano...

Già non la sentivo piú. Nascosta sotto il cappuccio dell'eskimo, un acquisto recente di cui andavo molto fiera, pensavo che se la signorina Rita mi avesse visto le avrei detto che ero lí per caso. Ero andata a trovare un'amica che abitava in zona... Insomma, erano fatti miei o no?

Mentre rimuginavo mille scuse con la testa in subbuglio per l'agitazione il bimbetto davanti a me di colpo si è piantato in mezzo alla strada e ha cominciato a piagnucolare sempre piú forte, cantilenando a ripetizione due paroline inequivocabili: – Braccio... mamma.

– Sí, vieni, tesoro, la mamma ti prende in braccio.

Li ho seguiti fino a quello che doveva essere il portone di casa. Ho memorizzato via e numero civico e aspettato per un po' sotto la pioggia. Quando ero ormai completamente zuppa sono tornata sui miei passi.

14.

Una febbre cosí alta non l'avevo da quando mi ero presa la scarlattina. Mamma mi spedí subito a letto con le pezze fredde e chiamò il solito dottor Martella, che odiavo dal giorno in cui mi aveva bucato per il vaccino del vaiolo lasciandomi una cicatrice tonda come un timbro sul sedere.

Altro non ricordo, tranne strane visioni che credevo reali. Me l'ha detto Lucy qualche giorno dopo, quando mi sono un po' ripresa. Eppure ero sicura di aver parlato con le ragazze. Erano tutte e tre ai piedi del letto, proprio lí, nella mia cameretta, tra le Barbie e il manifesto di Che Guevara. Lola, Violante e Beba, da tanto non le vedevo riunite insieme. Mi guardavano con tenerezza e mi ripetevano di stare tranquilla, che sarebbe andato tutto bene, che ce l'avrei fatta. A fare cosa? Avrei voluto confessare che io non ero come loro. No, non avevo la stoffa per concludere qualcosa nella vita. Facevo parte della schiera delle ragazze destinate a rimanere in mezzo al guado, le indecise croniche, le velleitarie senza carattere, quelle che alla fine non vedono l'ora di convertirsi alla sacra religione del quieto vivere. Era meglio che mi trovassi subito un marito come Palumbo e la piantassi con l'assurda pretesa di essere speciale. I miei si sarebbero messi il cuore in pace e amen. Ma non mi è uscita la voce. Forse non ci credevo abbastanza, neanche nel delirio della febbre.

Poi mi è sembrato di vedere Saverio, steso sul letto ac-

canto a me, con gli occhi socchiusi e i riccioli biondi sparsi sul cuscino. Avevamo fatto qualcosa? In casa mia? Ma
non era la casa di Roma, eravamo dalla zia e si sentiva forte l'odore di salsedine, faceva caldo e il desiderio di rin-
novare le emozioni di quel bacio mi seccava la gola. Ma
quando ho provato ad avvicinarmi lui era sparito, e al suo
posto c'era mia madre che mi inumidiva le labbra con una
garza bagnata. La sua voce flebile veniva dall'oltretomba.
Mormorava paroline dolci, incomprensibili, una nenia rassicurante che piano piano riuscí a riportarmi alla realtà.
    – Mamma, sono viva?
    – Sí, tesoro, è stata solo una brutta influenza.
    Ora il profumo del mare era scomparso e sentivo l'aro-
ma asprigno della crema alla cera di Cupra che mia madre
si ostinava a spalmare sul viso ogni santo giorno, convinta
che potesse attenuare i segni del tempo. L'unico risultato
era un olezzo nauseabondo che non faceva rimpiangere i
rari abbracci dispensati a fatica, quando proprio non poteva esimersi. Il corpo per lei era un problema. Di sicuro
non era mai stato una fonte di piacere, si vedeva benissimo
che le procurava solo un profondo imbarazzo e la metteva
a disagio. Lo capivi da come si muoveva fuori delle mura
di casa, tremebonda, esitante, sempre un po' spaventata.
Sembrava un piccolo animale selvatico che, dopo essere
stato troppo a lungo in gabbia, quando finalmente viene
rimesso in libertà ha paura, stenta a fare qualche passo e
non vede l'ora di tornare nella sua prigione. La cosa piú
grave, però, era la sua totale mancanza di ambizione. Al
di là dei compiti prestabiliti che assolveva sotto lo sguardo critico del nostro patriarca, non avevo mai colto nei
suoi occhi un lampo di curiosità, per non dire di desiderio.
    «Mia madre non desidera, – pensai. – O almeno non
lo dà a vedere». Riusciva a nascondere con abilità in luo-

ghi inaccessibili ogni piccola aspirazione. Era fatta cosí. Docile e malleabile come la plastilina con cui facevamo i pupazzetti alle elementari, con due tocchi la trasformavi in quel che volevi.

– Proviamo la febbre, tesoro? Controlliamo se è scesa? La febbre era passata, lo sapevo senza bisogno del termometro visto che avevo ricominciato a filosofeggiare.

Mi irritava la sua vicinanza cosí intima, resa necessaria da quella momentanea malattia, e il fastidio risvegliò i miei propositi bellicosi. Per niente al mondo sarei diventata come lei, di questo ero sicura, magari non ero destinata a grandi imprese, ma non avrei perpetuato le consuetudini che venivano tramandate nella mia famiglia come leggi inderogabili. La storia che ci insegnavano a scuola era piena di rivolte, sommosse, progressi e innovazioni, perché solo la mia famiglia era destinata a rimanere immobile nel tempo? Come facevano a restare impermeabili a ogni cambiamento? In televisione esponenti politici di schieramenti opposti si infervoravano sulla possibilità di introdurre nel nostro Paese arretrato una legge sul divorzio. Chissà, pure da noi, prima o poi, il fatidico «per sempre» che teneva legate coppie senza piú amore si sarebbe potuto cancellare, ma a sentire gli sproloqui di certi matusalemme incravattati era un sacrilegio anche solo mettere in discussione questa istituzione intoccabile. Eppure mio padre aveva un'amante e forse mia madre lo sapeva ma le stava bene cosí. Ero sicura che, pur potendo, non avrebbe mai divorziato, l'importante era difendere la sacralità della famiglia, che a sentire i soloni di turno reggeva l'intero edificio della società. Che idiozia. E quella di Lola non era una vera famiglia? La solidarietà e il conforto che avevo ricevuto a casa sua non li avevo mai provati nella mia, un luogo gelido dove sembrava che tutti recitassero, una messa in scena che non aveva niente a che vedere con l'affetto vero. Inutile spiegarlo alla mamma, per lei era impossibile cambiare prospettiva, troppe stratificazioni le impedivano di ragionare liberamente. Io invece potevo ancora salvarmi. Anche se non ero pronta per una vera rivoluzione potevo sempre applicarmi nelle piccole disubbidienze, sí, per quelle potevo battermi. Il futuro stava dalla mia parte e non ero sola. «Ci sono milioni di giovani che non vedono l'ora di fare il grande salto» aveva detto Violante una volta in un'assemblea, tutti avevano applaudito e io me l'ero segnato sul diario. Ognuno avrebbe contribuito a modo suo, ecco, non c'era bisogno per forza di essere un'avventuriera come Angelica. Non parlo di quella dell'*Orlando furioso*, ma dell'eroina del film che avevo visto con Palumbo, l'indomabile ribelle francese che nessuno è mai riuscito a soggiogare, neanche il sultano di Meknès. Le sue storie rocambolesche avevano entusiasmato le platee cinematografiche e pure Lucy tifava per lei, ma ora al cinema andava insieme a Piero. Almeno la gelosia mi era passata.

La generosità della mia compagna di banco aveva sgominato ogni pensiero malevolo e avevo imparato a volerle bene cosí com'era. Era un altro sintomo della famosa crescita? Però non riuscivo a voler bene alla mamma, forse non ero ancora cresciuta abbastanza. Piú di tutto non le perdonavo quell'arrendevolezza che avevo paura fosse contagiosa come un virus, addirittura temevo che anche solo standomi vicino me la potesse attaccare.

– Stasera per cena ho preparato la pasta al forno che ti piace tanto, sono tre giorni che mangi come un uccellino…

Pasta al forno, frittata di zucchine, fettine panate e minestrone, la santità della famiglia era protetta dalla continuità dei menu che in ogni casa venivano perpetuati alla stregua di un rito religioso, per tenere insieme quello che altrimenti sarebbe andato in mille pezzi. Per cucinare si sporcavano pentole e piatti che dopo i pasti andavano lavati con cura e riposti nel buio delle credenze, per poi ricominciare da capo il giorno successivo e cosí all'infinito. Cerimonie indispensabili per dare un senso a una convivenza forzata benedetta dalla Chiesa.

Non avevo ancora capito se volevo essere comunista, ma atea sicuramente sí. Aveva ragione Saverio quando diceva che la religione era l'oppio dei popoli. In realtà lo diceva Karl Marx, ma non avevo piú riprovato a leggerlo. Era troppo noioso e ora giaceva abbandonato a prendere l'umido con Satanik nella casa al mare, con la copertina dei *Promessi sposi*. A proposito, ci mancava pure Manzoni a romperci le palle con il matrimonio, centinaia e centinaia di pagine per far sposare in chiesa due scemi da un vigliacco come don Abbondio: un finale scontato per assicurare alla virtuosa Lucia una vita da casalinga perfetta. Se l'avessi scritto nel tema di italiano quel viscido di Aiello mi avrebbe messo quattro. Ma tanto a scuola per avere la sufficienza ci guardavamo bene dall'esprimere le nostre opinioni. Invece di applaudire le pompose encicliche del papa, che continuavano a umiliare le donne ribadendo princîpi medioevali, avremmo dovuto fare un monumento all'inventore dei piatti di carta. Un tedesco che nel 1800 diede una mano alle mogli di tutto il mondo. L'avevo studiato durante i soliti corsi di economia domestica alle medie, l'unica informazione utile di quelle stupide lezioni. Mio padre naturalmente aveva bandito piatti e bicchieri di carta da casa nostra. Toglievano il gusto del cibo, diceva. Chissà se con la signorina Rita li usava, magari mangiando la carne in scatola Simmenthal, altro cibo proibito da noi, perché «chissà cosa c'è dentro». Invece la carne rosata rivestita di

gelatina dorata e tremolante era proprio squisita: la man-
giavamo al mare di nascosto, quando eravamo sicure che
lui non sarebbe arrivato.
– Mamma, ho voglia di carne Simmenthal.
– Lo sai che a papà non piace...
– E allora? Piace a me.
– Ma ti ho fatto le lasagne...
– Mamma, ma c'è qualcosa che tu desideri e che a pa-
pà non piace?
– In che senso?
– Nel senso una cosa che vorresti fare tanto tanto, però
non hai il coraggio...
– Che c'entra adesso?
– E dimmela una cosa... ti prego.
Mamma era turbata, queste confidenze la mettevano a
disagio. Già altre volte avevo provato a sfondare la fitta
cortina di riserbo dietro cui si proteggeva, ma con scarsi
risultati. Per la prima volta, forse perché ero stata male,
si lasciò andare.
– Be', vorrei andare a trovare la zia, è una vita che non
la vedo... E tu, a parte la Simmenthal?
La breccia era durata poco. Rilanciare pur di non affrontare. Una tecnica tipica della mamma, esperta nell'arte dell'autodifesa.
– Io? Io vorrei una pianta anche piccola, qui in camera
mia... come quelle che tiene nell'ufficio la signorina Rita –.
Era da un po' che volevo assestare il colpo e il momento era
piú che propizio. – Le ho viste quando sono andata a prendere le chiavi, sono bellissime.
– Ah, la povera signorina Rita...
– Perché povera, mamma?
– Se te lo dico mi devi promettere che lo tieni per te,
non devi parlarne in giro, nemmeno con tua sorella...

– E che sarà mai...?

– La signorina Rita è una ragazza madre... – e scandí queste due paroline come se avesse detto «è malata gravemente» o «sta per morire». – Quando è venuta a Roma da Latina aveva questo problema, ma papà l'ha assunta lo stesso...

Questo «problema»? Aveva chiamato cosí un bambino? E papà? Che gentiluomo, prima l'aveva assunta e poi l'aveva sedotta. Almeno il marmocchio non era mio fratello, come aveva pensato Palumbo in una delle sue ricostruzioni alla Agatha Christie. E di certo mia madre non sospettava nulla, perché in quel caso si sarebbe stropicciata le mani nervosamente, facendo girare la fede intorno all'anulare, avanti e indietro all'infinito, il suo tic preferito quando era in difficoltà. E invece rispose serafica: – E sia per la pianta, ma per la Simmenthal aspettiamo quest'estate, ora fa troppo freddo.

Sí, per quella sera sarebbero andate bene anche le lasagne, ma in futuro molte cose dovevano cambiare.

15

Di solito per andare di nascosto al *Piper* ficcavo la mini e il maglioncino che scopriva l'ombelico in una busta e poi li indossavo nel bagno del bar di fronte al locale. Il barista non faceva una piega, c'era abituato, non ero la sola ad attuare questa strategia. Bastava ordinare una Coca e non ti diceva niente. Ma quel sabato decisi di vestirmi a casa, anche se mio padre era ancora lí. Mi sentivo pronta per la grande sfida.

– Come ti sei conciata? Pensi di uscire per strada cosí?

Non aspettavo altro e replicai risoluta: – Sí, ma prima ti devo parlare, papà.

Volevo sferrare l'attacco proprio quel pomeriggio perché la mamma aveva accompagnato mia sorella a una festicciola. Era il momento ideale per fronteggiarlo senza interferenze.

– Lo so che hai una relazione con la signorina Rita.

– Che stai dicendo?

– Vi ho visti piú di una volta che vi baciavate.

– Che ti sei messa in testa?

La voce di mio padre, da burbera e potente, si era incrinata, addirittura abbassata di un tono, e aveva cominciato a strascicare le vocali. Era la mia prima sfida all'autorità, tremavo come una foglia ma non volevo mollare.

– Non l'ho detto alla mamma perché le si spezzerebbe il cuore.

– Dove, quando mi hai visto? Smettila con queste impertinenze, ragazzina...

– Se è per questo anche al caffè a piazza del Popolo e sotto casa della signorina Rita...

In realtà l'avevo visto solo una volta. Però avevo scelto di giocare d'azzardo, Palumbo sarebbe stata fiera di me.

– Tu hai le traveggole... – e con un impeto da belva ferita mi mollò una sberla di una potenza micidiale, che oggi, se ci ripenso, mi fa ancora male.

– Puoi menarmi quanto vuoi, la situazione non cambia. Io mi faccio gli affari miei, però questa estate io e la mamma andiamo dalla zia in vacanza.

– Tu finisci male, ragazzina...

Non ero piú Sara, sua figlia, ma una «ragazzina impertinente» qualsiasi. Un'estranea che insidiava il suo regno di bugie. Anche se la guancia mi bruciava e temevo di peggio, rimasi dritta in piedi davanti a lui, senza indietreggiare di un passo.

– L'anno prossimo ti mando in collegio, è quella maledetta scuola pubblica che vi mette tutti questi grilli nella testa... roba da matti!

– Se fossi la mamma ti avrei già lasciato, purtroppo le manca il coraggio... Io invece ce l'ho, non mi fai piú paura.

Senza rispondermi uscí di casa sbattendo la porta, cosí forte che mi sembrò tremasse l'intero palazzo. Rimasi impietrita davanti al comò dell'ingresso, mi pareva di non avere piú sangue nelle vene. La mia voce perentoria ancora risuonava tra le pareti, rimbalzando tra gli oggetti innocui e familiari che mi avevano accompagnato sin dall'infanzia. Persino il piccolo peluche di mia sorella abbandonato su un ripiano della consolle mi guardava spaventato. Gli avevo tenuto testa. Era successo davvero? La paura che credevo di aver ereditato da mia madre come un virus non mi aveva paralizzato. No, non ero uguale a lei e non mi sarei piú fermata. Il patriarca non poteva piú costringermi con la forza a ubbidire. Avevano cancellato da poco la legge indecente che permetteva ai padri di picchiare impunemente mogli e figli per «correggerli», era scritto proprio cosí nel codice. Me l'aveva spiegato come al solito la madre di Lola, che si era battuta con le sue amiche per far abolire questa assurdità.

Però qualcuno avrebbe dovuto avvertire i maschi italiani che la pacchia era finita... e invece loro continuavano a menare allegramente i componenti della famiglia che gli capitavano sotto tiro senza che nessuno dicesse niente. Anche la mamma – l'avevo visto di nascosto – ogni tanto si beccava qualche ceffone ma non reagiva mai. Una sera che pensava me ne fossi accorta mi ha detto solo che papà era un po' nervoso. Adesso io ero piú nervosa di lui e vediamo chi l'avrebbe avuta vinta.

Avrei voluto aggiungere altre richieste al mio ricatto, ma papà non me ne aveva dato il tempo. Alla fine meglio cosí perché non erano tutte all'altezza di quella sfida epocale. Però le avrei messe in pratica lo stesso.

Per esempio, stava arrivando Carnevale e mi sarei vestita da Barbarella. Ecco. Non avrei sentito ragioni. Avevo visto il film con Jane Fonda ed ero stregata dai suoi completini sexy da viaggiatrice intergalattica. La conquista della Luna era alle porte e stava nascendo una nuova moda ispirata a questa frenesia spaziale, che non riguardava solo i racconti di fantascienza o un avvenire lontano, ma proprio il nostro presente.

Prima era stata la volta della povera cagnetta Laika, lanciata con un razzo senza piú fare ritorno, una tragedia tale che avevamo pianto per lei quasi piú che al funerale di Pedretti. Ormai si vedevano ogni giorno in tv gli astronauti tornare sulla Terra dalle loro perlustrazioni stellari, tanto che ci stavamo facendo l'abitudine. Camminavano a fatica dentro tute sgraziate piene di tubi o si libravano nell'aria impacciati in assenza di gravità con gli oggetti che gli volavano intorno. Niente a che vedere con lo stile sovversivo di Barbarella. Al di là di questa insensata febbre del futuro mi piaceva lei perché era libera, sfrontata, indipendente e si vestiva di conseguenza. Seguendo l'onda gli stilisti piú audaci proponevano succinti abiti metallici, iridescenti e pieni di specchietti che io purtroppo avrei potuto indossare solo a Carnevale e con una spessa calzamaglia nera per coprire le nudità. L'unica però era affittarli in una costumeria teatrale: non c'era sartina o mercato dell'usato che potesse venirci in soccorso nella nostra Italietta provinciale, che prediligeva travestimenti da fate e damine del Settecento.

In realtà odiavo il Carnevale e la finta allegria di carta celebrata da coriandoli e stelle filanti, per non parlare di tutti quegli stupidi costumi, ma mi avevano invitato a una festa del liceo e l'idea di presentarmi nei panni di una seduttrice avveniristica mi divertiva parecchio. L'avrei fatto senza chiedere il permesso a mio padre, tanto non me l'avrebbe mai dato. Piú ci pensavo e piú mi convincevo che – nonostante lo schiaffone – la sua era stata una ritirata bella e buona, ne ero sicura. Non mi aveva punito né chiuso in camera in castigo, come era successo altre volte.

Mi stavo godendo il gusto della vittoria, che è piú dolce dello zucchero filato, a chi piace, a me tantissimo. Chissà cosa avrà provato Davide, che con una semplice fionda annientò Golia. Certo, io non avrei decapitato il mio nemico con una spada affilata, mi bastava tenerlo sulle spine e sfiancarlo lentamente, collezionando una piccola disubbidienza dietro l'altra. Nel frattempo avrei protetto la mamma, visto che da sola non era in grado, e questo mi faceva sentire piú potente di Barbarella e Angelica messe assieme. Violante non avrebbe approvato quella mascherata carnevalesca. Pensavo sempre all'opinione di Violante, la consideravo il mio super-io giudicante, come avrebbe detto Sigmund Freud. O almeno credo, ancora non avevo cominciato a leggerlo... ma le ragazze lo citavano di continuo e ormai era uno di famiglia.

Su Jane Fonda, in ogni caso, ci sarebbe stato da discutere perché era un personaggio piú imprevedibile dell'avventuriera cosmica che interpretava nel film. La sua immagine super sexy non le impediva di schierarsi contro la guerra del Vietnam e dare del filo da torcere ai benpensanti, che la vedevano solo come una bambola hollywoodiana. Quindi si poteva protestare contro le ingiustizie del mondo e allo stesso tempo portare la minigonna? La faccenda non era chiara, almeno da noi, visto che i maoisti-leninisti o i trotskisti-stalinisti, ora non ricordo, insomma uno dei gruppi che ruotavano nella galassia di Violante aveva dichiarato – proprio scritto nero su bianco in uno statuto – che le ragazze non dovevano indossare certi indumenti frutto del capitalismo borghese. Be', con tutto il rispetto per lo spirito rivoluzionario, di sicuro non mi sarei mai arruolata nelle loro file. Stavo appena assaporando nuove libertà estetiche e non avrei rinunciato nemmeno per sogno alle mie sudate conquiste. Ero pronta a seguire le orme di Jane Fonda, e piuttosto avrei promosso un movimento ri-fondista se fosse stato necessario. Ormai era deciso. Anche se affittare il costume di Barbarella con tanto di mantellina in lurex nero mi sarebbe costato un occhio della testa, almeno per una sera avrei potuto indossare la divisa da combattimento dei miei sogni e, soprattutto, sbattere in faccia al patriarca la mia vera personalità.

C'era una cosa, però, che mi bruciava piú dello schiaffo. Non era solo la sua relazione a ferirmi, figuriamoci se proprio io mi mettevo a difendere la sacralità del matrimonio. Certo mi dispiaceva per la mamma, ma se andavo a scavare giú giú all'origine della mia rabbia mi appariva il volto sorridente di mio padre quel pomeriggio insieme alla signorina Rita. Ecco perché ci stavo male. A casa papà non rideva quasi mai. Ci riservava perlopiú rimproveri e mugugni che dispensava con tono burbero, come se fosse sempre scocciato, infastidito da una famiglia che gli era capitata tra capo e collo ma non gli stava simpatica. Mio padre con noi non era felice e ci rendeva infelici.

Non era il momento per queste riflessioni. Scacciai quel pensiero doloroso e m'incamminai a passi veloci verso il mio sabato pomeriggio.

Davanti al *Piper* trovai Venturi che mi aspettava. Aveva messo su il broncio e il suo celebre rossetto sembrava aver perso ogni lucentezza. L'amico dello zio che ci faceva sempre entrare era malato, insomma non c'era. Il tipo che l'aveva sostituito non la conosceva e l'aveva bloccata all'ingresso. Non ci voleva questa delusione, e proprio nel giorno in cui celebravo la mia spavalderia.

Siamo andate al bar e Rosaria mi ha mostrato due pastigliette bianche con un'aria da cospiratrice.

– Prendiamo una Coca e le buttiamo giú, per consolarci.

– Cos'è?

– Una specie d'anfetamina, ti tira su e ti fa passare pure la fame. Meglio di cosí...

Avevo già sentito parlare di quelle pasticche e Lola mi aveva detto che era meglio starne alla larga, Beba invece le prendeva per fare le nottate sui libri e infatti era dimagrita parecchio. Una vocina dentro di me mi suggeriva di lasciar perdere, ma era quasi un sussurro e non le ho dato retta.

Non ci andava di rimanere fuori dal *Piper* a guardare con invidia quelli che riuscivano a entrare e abbiamo deciso di incamminarci verso la scuola, sperando di incontrare qualcuno. Anche se l'aria invernale era pungente non sentivo freddo. Questa anfetamina cominciava a darmi una certa energia e insieme a Venturi sarei potuta arrivare a piedi in capo al mondo. Ridacchiavamo beate come due sceme pensando a quel verme del prof. d'italiano, architettando idee temerarie per incastrarlo.

Rosaria proponeva di simulare un malore in sua presenza durante la ricreazione, gli avrebbe chiesto di accompagnarla al bagno delle donne, dove noi intanto ci saremmo nascoste, e quando lui le avrebbe messo le mani addosso, perché gliele avrebbe messe, saremmo uscite allo scoperto per svergognarlo. Scartammo subito il suo piano, troppo macchinoso, serviva qualcosa di meglio. Mi sentivo piú invincibile che mai, tra lo scontro con mio padre, che mi aveva caricato di adrenalina, e la pasticchetta magica avrei potuto affrontare qualsiasi sfida, invece mi ritrovavo davanti al juke-box di un altro bar con cento lire in mano, indecisa su cosa ascoltare. Alle mie spalle una voce imperiosa ha suggerito: – Metti G8…

Non so perché ma ho obbedito ed è partita *Un'avventura* di Lucio Battisti.

Mi sono voltata e davanti a me c'era Tommaso, il ragazzo imberbe con cui avevo flirtato in quarta ginnasio. Gli era passata ogni traccia di acne giovanile e con quel difetto si era dissolta anche la sua timidezza. Me lo ricordavo belloccio ma imbranato, mentre adesso mi guardava sicuro di sé, fiero di un'inedita mascella volitiva che sbandierava insieme al ciuffo alla James Dean che ricordavo bene.

– Tommaso.

– Sara.

– Non ti ho piú visto davanti a scuola...

– Sí, mi hanno mandato dai preti perché qui non combinavo un tubo.

– Che palle dai preti... – dissi simulando poco interesse per le sue vicende, in realtà mi stuzzicava parecchio questo incontro inaspettato.

– E poi lí posso fare tutti gli sport che voglio, hanno anche la piscina...

– Lo so, ci andavo da piccola, ma ora non mi va piú, detesto l'odore del cloro, e poi rovina i capelli.

– Ti sono cresciuti... E non solo i capelli... – aggiunse con un risolino scemo fissandomi le tette per un attimo di troppo. Gesto da vero idiota che evitai di catalogare subito tra i punti a sfavore. Volevo dargli almeno una possibilità, e poi Battisti ululava come incoraggiamento: «Tu sei mia... tu sei mia... fino a quando gli occhi tuoi...»

Non era un segno che ci avessero negato l'ingresso al *Piper*? Ecco che, per volere del Fato, mi ero imbattuta in un ex ragazzo che nel frattempo era parecchio migliorato. Alessandro Manzoni avrebbe parlato di Provvidenza, ma era una roba noiosa e non ci credeva nessuno.

– Ho la moto nuova, vuoi vederla?

Seduta su uno sgabellone al bancone del bar, Venturi mi fece un occhiolino d'intesa. Sorseggiava un Tropical, la bevanda zuccherosa a base di latte e menta che andava per la maggiore.

– Che marca è? – chiesi seguendolo fuori del bar.

Era una Morini rossa fiammante. E si faceva notare tra

i motorini sgangherati e le vespette posteggiate alla rinfusa vicino al marciapiede. Salire in groppa a quella moto dietro a un liceale con il ciuffo alla James Dean era il degno finale di una giornata gloriosa e accettai l'invito.

Era calata la sera sul vecchio quartiere sonnecchiante, ma io ero ancora su di giri, abbarbicata a Tommaso che sgasava ai semafori per dimostrare la sua potenza.

All'improvviso ha svoltato in una stradina e si è fermato nel parchetto dietro la scuola. Senza una parola mi ha aiutato a scendere dalla moto e mi ha baciato.

– Che fai? – In realtà ci stavo, ma avevo deciso di fare un po' di moine.

– Non siamo già stati insieme noi due? Ti ricordi? Ci baciavamo proprio qui...

I posti dove ci si è baciati si ricordano tutti. Magari altre cose pure importanti no. Era passato solo un anno, ma adesso mi lasciavo mettere le mani ovunque senza troppe storie. Anche quello era un segno della crescita? Li andavo collezionando per capire qualcosa di piú della ragazza che ero diventata, comunque ancora un mistero indecifrabile, come le equazioni che non mi entravano in testa. A un certo punto mi sono stufata, sentivo freddo, forse mi era calata l'euforia della giornata. Volevo rientrare.

– Non ti sembra di correre troppo? È tardi, riportami a casa.

Tommaso si è subito immusonito, sfoggiando la tipica aria assente dei maschi quando sono contrariati. E non c'è niente che provochi piú fastidio in un ragazzo dell'interrompere una pomiciata molto promettente. Senza parlare ha ripreso la moto e mi ha fatto salire.

– Ti porto in un posto di amici miei...
– Adesso?
– Solo un attimo, devo dire una cosa a uno di scuola.

Partimmo a razzo attraversando le vie illuminate dalla luce fioca dei lampioni. Una volta di piú giurai a me stessa che da grande non avrei mai abitato in quel quartiere malinconico, popolato da anziani con i segni della sconfitta sul volto.

Quando svoltammo in via Minturno non pensavo che la meta di Tommaso fosse la sede del Movimento sociale italiano. E invece posteggiò proprio lí. Lo seguii senza fiatare, per curiosità, per stanchezza, per la solita codardia degli indecisi che pur di non prendere una decisione si fanno trascinare ovunque come pecore. La verità è che ero spinta soprattutto dal desiderio di osservare da vicino la misteriosa tana del lupo, anche se avevo paura di farmi vedere dai miei amici. Se fosse passata una delle ragazze o peggio Saverio non avrei saputo in che modo giustificarmi. Ma rischiai la sorte.

– Ma io non sono fascista... – dissi a mezza bocca.

– Io sí, tranquilla, sei con me.

Avevo baciato un fascista? Come era potuto succedere? E aveva persino frugato nella mia biancheria intima senza che io lo fermassi. Se è per questo avevo pure baciato un anarchico, ma di Saverio era innamorata. Mi sentivo una ragazza veramente superficiale, una stupida senza personalità che girava come una banderuola al vento.

Mentre camminavo dietro a Tommaso in preda alla confusione mi è apparso il testone di Benito Mussolini piazzato all'ingresso della sezione su un piedistallo di legno. Era una scultura in bronzo con tanto di mascellona formato gigante e quelli che arrivavano gli davano una lisciata sulla testa, come se fosse un'acquasantiera all'entrata di una chiesa. Nel punto in cui i camerati passavano con riverenza la mano sul cranio pelato del Duce il bronzo era piú chiaro, quasi dorato, e luccicava nella penombra.

Questa cerimonia faceva proprio ridere, ma mi guardai bene dal farlo.

La stanza poteva sembrare la sede di una bocciofila di periferia, se non fosse stato per gli slogan d'ordinanza sui muri e la fiamma che troneggiava in ogni angolo. Erano quasi tutti uomini molto piú grandi di noi, ma c'era anche qualche ragazzo come Tommaso e un paio di ragazze. Un uomo adulto con la pancia cosí pronunciata che la camicia la conteneva a malapena, tanto che i bottoncini parevano sul punto di saltare da un momento all'altro, stava tenendo un discorso a un gruppetto intorno a lui. Non distinguevo le parole, ma dalla deferenza con cui lo ascoltavano ho intuito che fosse uno importante. Poi ho scorto in lontananza il tipo magro e lungo che veniva a picchiare i capelloni davanti a scuola, lo chiamavano «il chiodo» ed era famoso perché aveva sotto la suola delle scarpe un tacchetto rinforzato di metallo che all'occorrenza usava come arma contundente sulle teste dei malcapitati. Avevano tutti paura di lui.

Va be', avevo visto abbastanza, ora potevo uscire. Imboccai velocemente la porta e Tommaso mi seguí a ruota.

– Torno a casa a piedi.

– Cos'è che non va?

– Te l'ho detto, non mi piacciono i fascisti, mi ricordano mio padre... e non capisco come dei ragazzi giovani possano essere patiti di Mussolini...

– Non cominciare con le prediche, tu non capisci niente...

– Sí, certo, come tutte le donne che se non sbaglio vorreste rinchiudere in casa a fare figli per la patria...

– Ma che dici?

– Che lavoro fa tua madre, Tommaso? – Lo sapevo benissimo.

– La preside.

– Ecco, se c'era ancora il fascismo glielo proibivano per legge.

– T'hanno imbeccato bene i tuoi amici comunisti...

– Ma vaffanculo, Tommaso, mi dispiace per te, ma sei tu che non capisci niente. Ok quei vecchi panzoni, ma tu hai diciott'anni, come fai a essere fascista? E comunque leggilo un libro di storia ogni tanto...

– Sei proprio una stronza... – mi urlò dietro mentre attraversavo la strada.

Avevo poche certezze e di sicuro non ero un esempio di coraggio, ma una cosa la sapevo: non sarei mai stata fascista.

16.

Il presidente Richard Nixon arrivò a Roma a fine febbraio del 1969. Per tutti noi era «Nixon boia» e basta. Ormai le foto dei massacri in Vietnam cominciavano a circolare sottobanco anche nelle assemblee scolastiche del nostro Paese, erano gli scatti di alcuni coraggiosi reporter che denunciavano gli orrori perpetrati in quella guerra insensata. Sebbene fossero riproduzioni sfocate e in bianco e nero, le immagini dei civili di interi villaggi vietcong trucidati senza pietà avevano infiammato gli animi piú di tanti discorsi.

Il telegiornale strombazzava le buone intenzioni del presidente americano che si diceva deciso a terminare il conflitto, ma nei fatti questa decantata distensione non arrivava mai. Ecco perché in ogni città europea dove Nixon sarebbe sbarcato si stavano preparando cortei di protesta.

Violante ci disse che il suo gruppo era contrario a prendere parte alla grande manifestazione organizzata dal «Comitato per la pace», gli intenti erano troppo generici secondo loro, ma alla fine l'assemblea degli studenti che stavano occupando La Sapienza decise che bisognava dare un segno di partecipazione collettiva e sfilare insieme.

E cosí Violante si sarebbe ritrovata a fianco dei genitori, visto che il Partito comunista avrebbe aderito, chiedendo anche l'uscita dell'Italia dalla Nato. Almeno per una volta poteva rinunciare all'ennesimo scontro con i suoi, da tempo avevano smesso di comunicare e si rivolgevano la parola solo per discutere. Ma non erano gli unici, in quasi tutte le case la tensione tra genitori e figli aveva raggiunto livelli incandescenti.

Immaginavo dietro le finestre illuminate l'eco delle polemiche senza fine che accompagnavano ogni sera le cene che una volta tenevano insieme la famiglia. Quello che i giornali chiamavano «scontro generazionale» era in realtà un abisso che sembrava incolmabile. Tutto ci divideva: idee, convincimenti, aspirazioni, vestiti, musica, libri... appartenevamo a due specie diverse che non si riconoscevano piú. Bastava guardare la foto di Natale che mi ritraeva con mia madre, io con il frangione e la camicia indiana con gli specchietti, lei con la sua permanente laccata e il filo di perle al collo che mi fissava sconsolata.

Erano bastati pochi anni per compiere questa incredibile mutazione antropologica, un cambiamento epocale che di solito impiegava secoli per verificarsi era avvenuto all'improvviso sotto i nostri occhi increduli e insieme erano sparite le parole per capirci. La battaglia era inevitabile e assomigliava a una fantascientifica guerra dei mondi. E naturalmente noi giovani eravamo i marziani da abbattere.

Comunque stavolta alla manifestazione ci sarei andata. Di nascosto da mio padre, come ogni cosa che facevo. Dal giorno della resa dei conti non avevamo piú parlato, ci guardavamo in cagnesco a distanza. Mamma cercava di colmare i nostri silenzi carichi di tensione imbastendo conversazioni futili che cadevano regolarmente nel vuoto. Forse il patriarca stava solo studiando le mie mosse o, peggio, tramava in segreto una punizione esemplare, di quelle diaboliche a cui erano condannati i peccatori nell'inferno nella *Divina Commedia*. Al pensiero mi tremavano le gambe, ma ormai non potevo tirarmi indietro. Il castigo che temevo piú della morte era la reclusione forzata nel collegio delle Orsoline a Rocca di Papa, ridente località dei Castelli romani. Uno spauracchio con cui papà mi aveva minacciato varie volte, ma forse piú per ferire mia madre e la sua scelta scellerata della scuola pubblica. Mi avevano spedito laggiú nell'estate della terza media per una breve vacanza e non lo avevo dimenticato. Ci davano da mangiare riso scotto con un sugo intriso di filamenti che sembravano muco e lacrime. Come se non bastasse, la notte noi ragazzine dovevamo dormire a turno con un grosso crocefisso di legno sotto al cuscino, dentro uno stanzone che odorava di varechina mista a incenso. La suora che ci controllava aveva un letto a baldacchino in fondo alla camerata, nascosto da spesse tende di lino bianco. Mentre noi eravamo costrette a rimanere al buio, lei poteva tenere una candela accesa e, attraverso la stoffa che la isolava, intravedevamo una figura che si spogliava lentamente, lasciandoci immaginare le sue nudità. Anche le suore avevano seni con i capezzoli? E i peli sul pube? L'idea della sua sessualità ci faceva schifo ancora piú del riso scotto. Se mi avessero costretto a cambiare scuola sarei scappata di casa come la ragazza della canzone dei Beatles, questo era certo. Ma al momento tutto taceva e per nessun motivo avrei rinunciato alla manifestazione, fosse stato l'ultimo gesto spudorato prima della condanna.

La città era blindata, si prevedevano scontri e cariche della polizia. Palumbo mi aveva scongiurato di restare a casa ma non potevo perdere la faccia con le ragazze, e poi io ero sinceramente contro la guerra. Nel garbuglio di ragioni e contrasti che animavano le discussioni durante le assemblee scolastiche, schierarsi per la fine dei combattimenti in Vietnam era per me una scelta facile e comprensibile. C'erano i buoni e i cattivi. Bastava essere contro l'America ma a fianco dell'altra America, quella giusta, che protestava per abbattere l'imperialismo. Non c'era da aggiungere altro. Ah, sí, naturalmente al corteo speravo di incontrare Saverio.

Alle 17:30 piazza Esedra era gremita di gente e con Lola, Beba e Violante ci siamo mischiate a una folla allegra da cui spuntavano cartelli di protesta e striscioni. Con tutta la voce che avevo in corpo scandivo fiera insieme a loro gli slogan che avevo appena imparato. Era la mia prima manifestazione, non riuscivo a trattenere l'eccitazione, e sorridevo a tutti come se li conoscessi da sempre. Non avevo mai provato una sensazione cosí inebriante. Stavo condividendo lo stesso sentimento di appartenenza con migliaia di persone, tanti cuori che battevano all'unisono. Sembrava proprio di stare a un concerto dei Rolling Stones, anzi di piú, perché in quella piazza c'era voglia di futuro e la certezza che uniti potevamo farcela a trasformare un mondo che ormai ci stava sempre piú stretto. Altri milioni di giovani in altre città, in altri continenti stavano manifestando come noi: anche se parlavamo lingue diverse ci capivamo benissimo. L'enorme quantità di energia positiva che circondava il nostro vecchio pianeta quasi si riusciva a toccare con mano e non poteva che portare al grande rinnovamento che tanto sognavamo.

Mentre vagheggiavo questi nuovi orizzonti di pace e libertà cominciarono le prime cariche. Pare che il corteo non fosse autorizzato e, nonostante le fitte trattative dei dirigenti del Pci, gli agenti avessero negato l'accesso a via Nazionale. O almeno cosí sostenevano quelli della fila davanti alla nostra. I manifestanti imboccarono via Emanuele Orlando per raggiungere piazza Barberini e da lí Palazzo Chigi. Io seguivo l'onda senza capire bene cosa stesse succedendo, ma Lola mi stringeva forte la mano per tranquillizzarmi.

Sotto la redazione del «Tempo» iniziò la confusione. I giornalisti affacciati alle finestre per sbeffeggiare il corteo si esibirono nel classico saluto romano e dalla strada partirono insulti e qualche sasso. I celerini non aspettavano altro e lanciarono una raffica di cariche senza preavviso. Iniziò un fuggi fuggi generale, tra l'ansia e il fumo dei lacrimogeni era difficile imboccare vie d'uscita sicure. Avevo perso la presa rassicurante di Lola e mi misi a correre, con il cuore in gola per la paura di finire in bocca alla polizia. Ne avevo sentito parlare ma non mi ero mai trovata in situazioni cosí pericolose e mi pentii amaramente della mia spavalderia. Poco davanti a me un ragazzo era caduto a terra e i poliziotti lo picchiavano in testa con i manganelli, trascinandolo per i piedi verso un cellulare. Mentre correvo a perdifiato intravidi con la coda dell'occhio una striscia di sangue che lentamente rigava il marciapiede, credevo di svenire. Imboccai la direzione opposta. Ero sconvolta e alla disperata ricerca di uno spiraglio di fuga. Nella concitazione mi infilai a caso in una viuzza laterale che però riconobbi subito. Ci abitava la portinaia amica dei genitori di Palumbo, quella che faceva la sartina e ci confezionava di nascosto le minigonne. Una trasgressione che adesso mi appariva di un'innocenza quasi infantile. Davanti a me è apparsa come in una visione Lucy che m'indicava la strada della liberazione: *Lucy in the Sky with Diamonds*, la mia salvatrice. Mi sono attaccata al citofono spingendo con un impeto disperato la scritta «Portiere» incisa a caratteri dorati.

– Vi prego, aprite... aprite, sono Sara, un'amica dei Palumbo, mi conoscete...

Uno scatto meccanico annunciò la salvezza.

La signora Marchetti era piú spaventata di me e chiuse di corsa il portone alle mie spalle. Appena mi sentii al sicuro mi buttai tra le sue braccia possenti. Mi era venuta la tremarella e mi battevano i denti a un ritmo folle. Non riuscivo piú a controllare il mio corpo, sembrava che appartenesse a un'altra persona. La leggerezza gioiosa che avevo provato poco prima si era dissolta trasformandosi in qualcosa di denso e appiccicoso che mi scorreva a fatica nelle vene, credo che fosse panico allo stato puro. Credo, perché non l'avevo mai provato in vita mia.

– Ma come ti viene in mente di andartene in giro che c'è la guerra fuori? Ma dove hai la testa?

Le dissi che non sapevo della manifestazione ed ero venuta in centro per fare delle compere. Si vedeva benissimo che non mi credeva, ma anche che non mi avrebbe mai tradito. Mi preparò un tè caldo con dei biscotti pieni di burro che mi fecero rinvenire e piano piano riuscii a fermare la dentiera impazzita che avevo in bocca.

– Vuoi chiamare a casa? I tuoi genitori saranno preoccupati...

Feci di no con la testa. Non riuscivo a spiccicare una parola.

– Piero, c'è Sara, l'amica di Lucilla, s'è trovata in mezzo agli scontri...

Il sor Piero era un omone imponente come il padre di Palumbo e lavorava insieme a lui alla fabbrica della birra Peroni a piazza Alessandria. Erano operai comunisti iscritti al sindacato che avevano fatto la Resistenza, cosí mi aveva raccontato Lucy, orgogliosa delle sue radici antifasciste. Però adesso non vedevano di buon occhio gli studentelli che dicevano di combattere per la loro causa, li consideravano dei figli di papà con le mani lisce, che parlavano della lotta per sentito dire e sapevano solo quello che avevano letto sui libri, cioè niente.

– Quando la smetterete di giocare alla guerra voi ragazzini? Se i partigiani hanno riconsegnato le armi un motivo ci sarà stato, giusto? Che poi mica tutte, eh... all'occorrenza sappiamo dove sono... giusto?

Facevo di sí con la testa, non ero in grado di argomentare le ragioni dei miei amici e forse, in cuor mio, pensavo che avesse ragione lui. Che senso aveva scendere in piazza per farsi massacrare come pecore al macello? Il mio primo tentativo di ribellione era naufragato miseramente e la paura che mi era entrata nelle ossa mi aveva tolto la voglia di cambiare il mondo, almeno per un po'.

– Se si deve fare la rivoluzione la si fa sul serio, e lasciatela fare a chi ne sa qualcosa...

In realtà volevo dirgli che in piazza c'era anche il Pci e non era riuscito a impedire gli scontri, ma mi guardai bene dall'innescare polemiche. Il sor Piero continuò a borbottare per un po' come la pentola di fagioli che era sul fuoco, ormai il suo era un soliloquio che la moglie doveva aver ascoltato infinite volte: – ... e se Togliatti non ce l'avesse chiesto noi avremmo continuato a combattere e oggi la Democrazia Cristiana non farebbe il bello e cattivo tempo e quei fascisti dei missini non avrebbero rialzato la testa... ma al Migliore si doveva l'obbedienza, anche se sui Patti lateranensi ha sbagliato...

– Piero, smettila di fare comizi, non vedi com'è spaventata? Appena si calmano le acque la riporti a casa e chiudiamo l'argomento.

Quando finalmente si decise ad accompagnarmi mi offrí la sua manona, che strinsi con piacere, e ci avviammo nelle strade del centro ormai deserte. Con il sor Piero sarei andata in capo al mondo, il suo nome di battaglia durante la lotta partigiana era Roccia e si poteva capire perché.

Nell'aria della sera ancora si sentiva l'olezzo dei lacrimogeni, molti negozi avevano chiuso le serrande per proteggersi dalle sassaiole dei manifestanti. A piazza Fiume non c'era un'anima, sembrava uno di quei villaggi spazzati dal vento nei film western, con gli abitanti serrati in casa in attesa dell'assalto dei cattivi. Il sor Piero mi salutò davanti al cancello condominiale e se ne andò solo dopo avermi visto entrare sana e salva. Lo guardai allontanarsi con un passo deciso da montanaro, un uomo perbene, saldo come le sue convinzioni.

Il patriarca era fuori a cena, un colpo di fortuna, non avrei retto il suo sguardo indagatore né tantomeno i commenti sarcastici con cui avrebbe sottolineato le notizie del telegiornale. Confesso che fu un grande sollievo trovarmi al caldo con la tavola apparecchiata e mia sorella che giocava con le Barbie, inconsapevole dell'universo. La sensazione di scampato pericolo era così dolce e rilassante che divenni addirittura affettuosa con mia madre e l'aiutai a portare in tavola le frittatine al sugo con l'insalata. Ma le immagini della manifestazione che passavano in tv mi risvegliarono la paura insieme a un fastidioso senso di colpa, che s'insinuava come un intruso nella mia nuova beatitudine.

Ero scappata da vera codarda e non mi ero preoccupata di Lola e le altre, che fine avevano fatto? Erano in salvo o magari le avevano sbattute in una cella buia con la testa fracassata? Mi sono gettata sul telefono e per fortuna Lola era a casa, pure lei stava per chiamarmi. Con Beba aveva trovato rifugio da un'amica in via del Corso, Violante invece era rimasta con i manifestanti che avevano deciso di reagire e alzare le barricate. L'avevano presa e non si avevano sue notizie, anche se i genitori stavano facendo pressione insieme ai parlamentari del Pci, che questa volta si erano mossi denunciando le violenze della polizia.

In poche ore era successo di tutto. Gli studenti della Sapienza non erano riusciti a raggiungere il corteo perché erano stati caricati ripetutamente ai cancelli dell'università, ma il dramma era scoppiato alla facoltà di Magistero. «C'è scappato il morto», cosí mi ha detto Lola concitata. I fascisti avevano risalito indisturbati via Nazionale per assaltare la facoltà occupata, gridavano «viva il Duce, viva il fascismo», e la polizia non solo non li aveva fermati ma non aveva alzato un dito quando, armati di spranghe e catene, avevano cercato di sfondare la porta dell'istituto. Gli studenti che erano dentro si erano asserragliati in preda al terrore. Per cercare una via d'uscita un ragazzo si era calato da una finestra, il cornicione non aveva retto e lui si era schiantato al suolo. Si chiamava Domenico Congedo ed era uno studente fuori sede.

– Vedrai, al telegiornale diranno che se l'è cercata, è tutto uno schifo.

Lola era indignata ma lucida e combattiva. Non aveva provato il panico che squassa le ossa e gela il sangue, come era successo a me. Potevo crescere all'infinito, ma non sarei mai stata adatta per la lotta dura, almeno questo l'avevo capito. Perdere la vita inseguita dai fascisti o dalla polizia non corrispondeva alla mia idea di futuro. Per quanto leggessimo avidamente *Cent'anni di solitudine*, non possedevamo sette vite come il colonnello Aureliano Buendía, che era scampato alla morte persino davanti a un plotone di esecuzione e nemmeno sparandosi al cuore era riuscito a suicidarsi. Purtroppo quello era un libro, la realtà era molto diversa. E se proprio dovevo scegliere un destino letterario sarei stata Rebeca Buendía, che mangiava calce e terra per quietare i suoi fantasmi. Piuttosto che morire giovane mi sarei rinchiusa in casa come lei, aspettando che le ragnatele mi ricoprissero il corpo come un sudario e le ossa lentamente si sbriciolassero senza fare rumore.

17

A decorrere dal corrente anno scolastico 1968-69 non si darà piú corso all'esame di ammissione [...] e il passaggio degli alunni dalla V classe ginnasiale alla I classe liceale avverrà in base all'esito favorevole dello scrutinio finale.
Il presente decreto sarà pubblicato nella «Gazzetta Ufficiale della Repubblica italiana».

Il Ministro: SULLO

Era avvenuto il miracolo. Un colpo di fortuna imprevisto che proiettava i ginnasiali come me verso le vette ambite del liceo senza dover sostenere nessun esame. L'avevano ventilato, poi c'erano state smentite, docce fredde e contrastanti voci di corridoio, invece era vero, scritto nero su bianco e firmato dal famigerato ministro Sullo, quello che veniva contestato con tanto di slogan dedicati a ogni manifestazione. E avevano addirittura cambiato l'esame di maturità: non sarebbe stato piú necessario portare tutte le materie, dall'intero programma ministeriale ne avrebbero estratte a sorte solo due e per il resto potevi anche buttare i libri. Una roba da non credere, che suscitò la rabbia degli studenti costretti fino all'anno prima a spaccarsi la testa per memorizzare con uno sforzo sovrumano una quantità inverosimile di nozioni.

Io e Lucy eravamo cosí eccitate che improvvisammo danze rituali di ringraziamento sulla terrazza condominiale, cantando a squarciagola *Acqua azzurra, acqua chiara* di Lucio Battisti. Lo facevamo di nascosto, almeno io, perché a Palumbo non gliene importava niente del severo giudizio del mio comitato di riferimento. Il cantautore riccioluto di Poggio Bustone era visto come il massimo dell'evasione e del disimpegno, in presenza delle ragazze non si poteva neanche nominare, invece a me le sue canzoni piacevano moltissimo e sfogavo con Lucy questa passione clandestina. Sia la riforma scolastica che la colonna sonora con cui avevo deciso di celebrarla erano super criticate e io stavo compiendo allegramente un vero sacrilegio.

All'assemblea gli studenti, piú infuriati che mai, avevano ribadito che questi frettolosi decreti legge erano un misero stratagemma politico, un contentino del Governo per placare le proteste del movimento, che stava crescendo a macchia d'olio e cominciava a far paura davvero. Come dargli torto? Ma per me si trattava comunque di un regalo caduto dal cielo. Altro che segno del Fato! Tutto congiurava per lanciarmi a velocità supersonica verso i miei gloriosi sedici anni. Tra pochi mesi, con un balzo inaspettato, mi sarei piazzata ai piani alti della scuola, da dove a mia volta avrei guardato i nuovi arrivati con una certa superiorità, mista però a un po' di benevolenza. La generosità è una virtú che diventa semplice esercitare quando si vedono le cose da una prospettiva privilegiata.

La vita era meravigliosa e non avevo intenzione di rinunciare alla miriade di occasioni che il mondo in ebollizione mi stava offrendo. Battisti compreso. Anche quando dovevo scegliere il gelato non mi limitavo a ordinare i soliti due gusti preferiti, come facevano in molti. Oltre a cioccolato e pistacchio chiedevo cocco, nocciola e naturalmente panna, tanta panna, e tutto quello che si poteva aggiungere fino a far scricchiolare le fondamenta del fragile biscotto.

«Siate realisti. Chiedete l'impossibile» aveva detto Che Guevara o forse i ragazzi del Maggio francese, comunque era il mio slogan preferito. L'avevo ricopiato sul diario e questa volta non l'avevo cancellato. Non credo che all'interno dell'«impossibile» venissero contemplate anche la poetica di Lucio Battisti e le sue insuperabili cantilene da maschio ferito, ma io volevo essere libera di scegliere ciò che mi pareva, senza piú vergognarmi per quel che alla minima deviazione dalla santa coerenza veniva tacciato di «superficialità».

Ebbene sí, avrei pattinato in equilibrio sulla mia gioiosa superficialità e poi, senza preavviso, mi sarei tuffata ogni tanto giú nel profondo della conoscenza, perché non intendevo privarmi di nulla.

Neanche di Saverio, se è per questo. Ma non mi sarei consacrata a qualsiasi causa solo per inseguire l'amore di un ragazzo. Adesso che stavo imparando a volermi bene, accettando i miei innumerevoli difetti, non ci pensavo proprio a immolarmi sull'altare di un sogno sentimentale. Chi voleva Sara Mei doveva prenderla cosí com'era, goffa e incoerente, ma libera ed entusiasta. Ecco.

Palumbo aveva assistito alla mia ennesima filippica sgranando – per quanto la natura glielo permettesse – i suoi piccoli occhi a spillo e alla fine, dopo qualche istante di silenzio, aveva addirittura applaudito.

Sarebbe andato tutto a gonfie vele se non fosse accaduto il fatto del prof. Aiello. L'infame, insegnando ben cinque materie su otto, aveva in mano le chiavi degli scrutini, ovvero il potere di vita e di morte sulla classe.

In realtà le materie in totale sarebbero state nove, ma educazione fisica nessuno la contava. Ed era l'unica materia che, nonostante fossimo in una scuola pubblica, prevedeva ancora la rigida separazione tra maschi e femmine. I ragazzi erano seguiti dal prof. Marsili. Il poveraccio non faceva che sbraitare per stimolare gli alunni ingobbiti dalle lunghe ore di letargo sui banchi. Era un romanaccio pelato e in sovrappeso che, sudando sette camicie, cercava di instillare un po' di competizione in quei molluschi invertebrati che arrivavano in palestra come trascinati dalla marea. Noi ragazze, invece, avevamo l'atletica professoressa Belli, ma ci inventavamo qualsiasi cosa per non partecipare alla lezione, accusando in continuazione dolori mestruali che sembrava durassero il mese intero. Si sfruttava l'ora di ginnastica per chiacchierare, smangiucchiare e ridere della goffaggine dei compagni sul quadro svedese. La prof. non se la prendeva piú di tanto, metteva una cascata di otto e si toglieva dall'impiccio.

Al contrario vivevamo con terrore i cambiamenti d'umore del perfido prof. Aiello, che approfittava del suo dominio incontrastato per metterci gli uni contro gli altri, incoraggiando miseri episodi di servilismo negli alunni piú vulnerabili. Bonfanti, un mingherlino con l'apparecchio ai denti e una miriade di nei che gli punteggiava a casaccio la faccia, addirittura gli portava ogni giorno un cannolo fresco che andava a comprare da Dagnino, una pasticceria specializzata in prodotti siciliani a non so quante fermate di autobus dalla scuola. Invece di difendere le ragazze, continuamente minacciate dalle mani untuose del prof., i maschi si divertivano a prendere in giro le malcapitate e a ricreazione, per compiacere l'aguzzino, s'intrattenevano con lui, ridendo alle battutacce volgari con cui infiorettava i suoi comizietti. Nessuna di noi però osava ancora fiatare. Non avevamo protestato neanche quando Aiello aveva appioppato un due alla povera Venturi solo perché si era rifiutata di declamare i *Promessi sposi* seduta alla cattedra vicino a lui, una tattica che usava per strofinare le sue gambette vogliose sulle cosce delle ragazze.

– Preferisco leggere dal banco, – aveva risposto Rosaria con aria sprezzante, firmando cosí la sua condanna.

Nonostante l'odio profondo che nutrivamo per quell'essere immondo, non avevamo il coraggio di ribellarci. Mancava poco alla fine dell'anno e al liceo ci saremmo affrancate per sempre dai suoi discutibili metodi didattici e dal mignolo unghiato che mostrava orgoglioso. Ci limitavamo a congiurare vendette fantasiose e perlopiú impossibili raggruppate negli angoli come pecorelle smarrite, tanto sapevamo che qualsiasi denuncia o richiesta d'aiuto sarebbe stata inutile. La gran parte dei genitori che ci aveva iscritto a quella scuola proprio per la severità dei docenti non ci avrebbe mai creduto o, peggio, si sarebbe schierata con il prof., consigliandoci di prenderla a ridere e non fare troppe storie.

Il comportamento che noi ritenevamo ignobile e disgustoso, in realtà derivava da un sistema di gesti, tradizioni e abitudini maschili consolidato nei secoli che ciascuna donna era purtroppo abituata a fronteggiare sin da bambina. Lo respiravamo ogni giorno dentro le nostre case, per strada, in autobus, al cinema, insomma ovunque. A tutte noi erano capitati episodi piú o meno nauseabondi, la lista delle oscenità era infinita. Nel migliore dei casi, veloci palpeggiamenti rapaci; incontri ravvicinati con membri maschili che sbucavano a bella posta dai pantaloni e venivano ostentati a sorpresa nei luoghi piú improbabili; strette di mano lascive con l'indice pronto a simulare l'atto sessuale. Nel peggiore, invece, violenze conclamate, che ferivano le vittime e le lasciavano piene di vergogna, incapaci di reagire e di liberarsi dallo schifo. Come mi aveva spiegato la mamma di Lola, che combatteva con le sue amiche per cambiare anche questa legge scandalosa, lo stupro nel nostro Paese era semplicemente un reato contro la «moralità pubblica» e il «buon costume», non contro una persona in carne e ossa. Non ci si poteva credere eppure era giudicato alla pari di uno spettacolo osceno. Un vero insulto al genere femminile. E se poi la donna non era vergine allora apriti cielo, diventava indifendibile perché, come si diceva, se l'era andata a cercare. Non a caso pochissime avevano la forza di denunciare; le altre si convincevano di aver sbagliato qualcosa e che la colpa, sotto sotto, fosse tutta loro.

Bastava niente per condannarle: vestiti succinti, comportamenti ritenuti provocatori, troppo trucco... Chi in quel momento, paralizzata dalla paura, non avesse urlato «abbastanza» era spacciata e considerata consenziente. Dopodiché, lo stigma sociale si abbatteva implacabile sulle sue spalle, trasformandola in un baleno da vittima in colpevole, mentre i veri artefici dell'obbrobrio venivano quasi sempre assolti. D'altronde a scuola studiavamo le *Metamorfosi* di Ovidio, in pratica una sequela ininterrotta di violenze e sopraffazioni nei confronti di ninfe, fanciulle e vergini varie. Se questo suggeriva il mito, figuriamoci la nostra vita di misere mortali.

Galleggiavamo in quel brodo primordiale in preda al fatalismo, cercando di non affogare, quando Nardi scoppiò in lacrime nel bagno delle femmine e in tutte noi si risvegliò l'orgoglio. Il senso dell'ingiustizia può essere un motore micidiale, in grado di accendere gli animi più rassegnati, e quando la nostra compagna ci raccontò l'accaduto in un attimo decidemmo all'unisono che era ora di intervenire.

Nardi era una timida con un visino sciapo incorniciato da enormi occhiali da miope e i capelli stoppacciosi come lana cotta. In sintesi era persino piú bruttina di Palumbo e non aveva nessuna delle caratteristiche estetiche necessarie per entrare almeno agli ultimi posti nelle nostre impietose classifiche. Tra l'altro sembrava anche un po' ritardata, o almeno questo era l'insindacabile giudizio della classe. Alle interrogazioni conquistava a stento la sufficienza perché ripeteva le nozioni che – sempre secondo noi – passava le notti a imparare a memoria senza capire quel che diceva. Nessuno la invitava a casa per fare i compiti o tantomeno alle feste, e ci facevano orrore i suoi vestitini marroni da suora laica. Nardi era fragile, e un po' isolata dal resto degli studenti, che la snobbavano con il solito razzismo che impera tra le mura scolastiche. E forse anche per questo la nostra indignazione si scatenò furibonda quando, tra i singhiozzi, ci disse che il prof. Aiello durante la ricreazione si era avvicinato al suo banco, dove di solito rimaneva a consumare la merenda, e senza dire una parola le aveva alzato la gonna e ficcato una mano nelle mutande, strizzandole il pube con tutta la forza. Un agguato miserevole degno della sua vigliaccheria. Il mostro aveva scelto il soggetto piú indifeso per sfogare le sue ossessioni sessuali.

Dopo un breve conciliabolo, senza chiedere il parere di Lola e delle ragazze mi misi a capo di una spedizione e andammo dritte dal preside per denunciarlo. Nardi ci aveva scongiurato di lasciar perdere, aveva paura di ritorsioni e si vergognava come una ladra a confessarlo ai suoi genitori, che tra l'altro non le avrebbero mai creduto. Ma ormai le ragazze della quinta C, schierate come un plotone d'esecuzione, avevano deciso di marciare compatte verso l'ultimo piano e nessuno le avrebbe fermate. Eravamo inferocite e non ci importava piú niente dei voti, degli scrutini e della tanto agognata promozione. Spazzavamo con passo militaresco corridoi e scale suscitando lo stupore degli altri alunni, che rimanevano impalati a guardarci come sorpresi all'improvviso da una burrasca fuori stagione. Il preside non aveva alcuna intenzione di riceverci. Spiegammo al segretario che era una questione di vita o di morte e che saremmo entrate comunque. Credo che l'ometto si sia spaventato parecchio intravedendo nei nostri occhi i lampi incendiari delle Erinni, non a caso dee vendicatrici di cui il prof. Aiello ci aveva appena raccontato la leggenda, ridacchiando però al passaggio che narra la loro nascita dal sangue di un'evirazione. Non volevamo arrivare a tanto, ma se in quel momento avessi avuto in mano la falce di Crono non avrei risposto delle mie azioni.

Ero incaricata di esporre i fatti e li inanellai con calma olimpica, come un pubblico ministero alla sua arringa finale. La sequenza di malefatte del nostro docente era infinita e tenni per ultimo l'episodio di Nardi, a cui aggiunsi piccoli particolari scabrosi, necessari per perorare la causa. Avevamo tutti visto i processi di *Perry Mason* in televisione e sapevamo che il successo di un'accusa si nasconde proprio nei dettagli che possono sembrare insignificanti. Concluso il mio sproloquio piombò un silenzio spettrale e solo allora mi accorsi dell'enormità di quel che avevamo fatto. La stanza del preside, con i suoi mobili austeri e la pianta di ficus, adesso girava all'impazzata davanti ai miei occhi e pensai di svenire, invece rimasi in piedi e, dopo un tempo che mi parve eterno, il prof. Lorenzi, prima carica dell'istituto, cominciò a parlare. Credo che il clima creato dalla contestazione e dalle proteste degli studenti avesse cambiato l'atteggiamento delle autorità scolastiche, infatti il preside non minacciò nessuna sospensione, come avevamo paventato, ma, pulendosi gli occhialini con gesti lenti e misurati, disse con un filo di voce: – Ne terrò conto.

In che senso? Lo avrebbe cacciato, come speravamo, o avrebbe fatto la spia rendendoci la vita impossibile?

Poco dopo aggiunse compassato: – Naturalmente confido nella vostra discrezione e vi esorto a non diffondere le notizie che mi avete riferito al di fuori di questa stanza. Nardi, in preda all'ansia, rispose subito di sí e scoppiò di nuovo in lacrime. Io guardai Palumbo e Venturi contando su un segnale, ma le loro facce erano attonite e prive di qualsiasi espressione, come le statue di marmo al Foro Italico.

Cosa era successo? Quando tornammo sui nostri passi non avevamo capito se potevamo festeggiare una vittoria o ci toccava accusare l'onta di un'amara sconfitta. Il nostro primo tentativo di insurrezione sembrava naufragato sul nascere, non avevamo avuto il coraggio di spingerci fino in fondo, di chiedere garanzie, di imporre ultimatum... la voce del potere ci aveva subito addomesticato e ci eravamo arrese senza combattere. O forse no? Se non altro avevamo sfidato l'autorità e a toccarla con mano non era poi cosí granitica come appariva.

18.

Passammo tutti con il sei, una modesta sufficienza, ma il viscido non chiamò piú nessuna alla cattedra. Il preside non l'aveva cacciato, almeno avevamo assestato un piccolo colpo alla sua carriera di maniaco sessuale. Considerando il secolare immobilismo della scuola italiana, un passetto l'avevamo compiuto. Se non altro Nardi era entrata nelle nostre grazie e aveva provato l'ebbrezza della solidarietà, un sentimento caldo e accogliente come la coperta di Linus, il fumetto che leggeva sempre e di cui possedeva il diario scolastico, una scelta un po' infantile che d'ora in poi le avremmo perdonato. Non sapevo se considerare questa specie di armistizio una vera conquista politica, ma già non ci pensavo piú perché la fine del ginnasio è un evento talmente esaltante che cancella tutto quello che è successo prima, come una bella passata di bianchetto su un foglio dattiloscritto.

Il tempo a quindici anni è piú relativo che mai. Un giorno può valere dieci anni e il passato in un amen diventa carta straccia, lasciando spazio a un eterno presente cosí ricco di promesse che a volte al mattino, appena sveglia, mi sentivo tale e quale a una pentola a pressione pronta a esplodere se non avessi trovato delle valvole di sfogo.

Ero un'appassionata della pentola a pressione, un aggeggio moderno quasi galattico, l'unico oggetto che mi attraeva nel mondo dei fornelli. La osservavo mentre caricava la sua potenza e aspettavo con ansia il momento di schiacciare con cautela la famosa valvola, per vedere lo spruzzo di vapore bollente partire a razzo. Se non avessi avuto le mie amiche anch'io sarei scoppiata, deflagrando in mille pezzi. Parlare con loro invece mi riconciliava con l'universo e quietava quelli che mia madre chiamava i miei «bollenti spiriti», una volta tanto un'espressione azzeccata, anche se erano molto piú bollenti di quanto sospettava.

Ero andata a trovare Lola. Ora che la scuola era finita mi mancavano le nostre confidenze e volevo il bollettino completo degli aggiornamenti prima della dispersione delle vacanze.

Beba stava preparando gli esami da privatista e non si faceva piú vedere in giro. La sua mamma era stata ricoverata di nuovo perché l'avevano trovata che camminava per strada senza scarpe, in camicia da notte, ripetendo a cantilena certe frasi incomprensibili. Se n'era accorto Saverio che l'aveva riportata a casa in braccio, un'immagine che mi spezzava il cuore.

– È cosí magra che sembra tornata una bambina.

«E Saverio come sta? Che fa? Si vede con qualcuna? È triste? Cosa sta leggendo? Suona ancora Chopin o ha abbandonato il pianoforte?» Di tutte le domande che mi rimbalzavano nella testa riuscii a formulare solo la prima. Non ce la facevo piú a trattenere la curiosità, ma per quanto fossi in confidenza con Lola mi vergognavo di confessarle quello che provavo per Saverio, dato che non l'avevo capito bene nemmeno io.

Dentro di me avevo stabilito che era arrivato il momento di vederlo di nuovo, in fondo l'avevo lasciato solo con il pensiero e adesso potevo decidere di tornarci insieme, anche se lui non si era accorto di niente, né prima né dopo. Non è detto che gli amori vissuti nell'immaginazione siano meno potenti di quelli reali, però mi ero stufata di indossare i panni di un'eroina ottocentesca, ero pronta ad abbandonare le cime tempestose del romanticismo e dire addio agli insegnamenti della signorina Austen.

Lola si aggiustò la folta capigliatura con un gesto che definirei artistico, una specie di gioco di prestigio con cui in un baleno arrotolava sulla testa i suoi ricci in un'unica matassa della grandezza di un nido d'aquila, e questa acconciatura prodigiosa per magia riusciva a restare legata nonostante la gravità, tenuta insieme solo da una matita. Ora poteva dipingere senza rischiare di colorarsi le ciocche ribelli.

– E Saverio come sta? – Insistevo, dissimulando a fatica il mio interesse.

– Gli hanno dato quattro materie, per un pelo non l'hanno bocciato, ha fatto un mare di assenze e l'ha rischiata grossa... – mi rivelò affondando il pennello in una pozza di rosso vermiglio. – È completamente assorbito dal circolo anarchico, sta sempre con il suo amico Ronaldo e della scuola non gli importa proprio. Peccato perché è il piú bravo di tutti. È per questo che l'hanno mandato a scuola un anno prima, me l'ha detto Beba.

Ronaldo e Saverio, i due anarchici della scuola. Non so se ci fosse un nesso, ma erano in assoluto i piú belli dell'intera popolazione studentesca.

Lola era soprappensiero e mi parlava senza togliere lo sguardo dal suo lavoro. Stava ultimando una delle sue tele astratte, una sinfonia di rossi e di viola, delle specie di nuvole che si rincorrevano su uno sfondo giallo, o almeno io l'avevo interpretata cosí. I suoi quadri mi ipnotizzavano. Anche se non capivo niente di arte ne percepivo comunque la forza e questo in particolare mi sembrava la fotografia del suo radioso futuro, consacrato da un vero talento.

Tutti intorno a me stavano trovando la loro strada mentre io ancora non avevo capito di che pasta ero fatta.

«Bisogna capire di che pasta si è fatti per diventare qualcosa, pane, pizza, biscotti o quello che sia, ma se non capisci di che pasta sei fatta rimani lí ad ammuffire» diceva la mamma di Palumbo, che stava di continuo a piallare, stendere e schiaffeggiare una palla di pasta sulla cerata della cucina ricoperta di farina.

Ecco, se non mi davo una mossa rischiavo di ammuffire per davvero, però non c'era niente che mi scaldasse il cuore. Beba era presa dai suoi studi sulla psichiatria alternativa e parlava in continuazione di Franco Basaglia, un dottore visionario che voleva aprire le porte dei manicomi: secondo lui i matti non dovevano piú stare segregati in quei posti orribili, dove invece di curarli li torturavano con pratiche disumane. Credo che a sua mamma avessero fatto piú di un lavaggio del cervello ed era sempre piú difficile farla riemergere dal fitto buio in cui era precipitata.

Beba aveva la sua missione, Palumbo il suo tipografo, Violante e Saverio la militanza. Anche se dopo l'ultima litigata non si parlavano piú. Lei era entrata in un gruppo extraparlamentare, Saverio invece considerava l'anarchia la vera nobiltà della politica e dall'alto della sua scelta aristocratica guardava ai nuovi gruppuscoli come a dei parvenu dell'ultim'ora. Ma avrebbero fatto pace e poi discusso ancora e cosí all'infinito in una catena ininterrotta che scandiva la loro amicizia, un legame indistruttibile a dispetto delle apparenze.

Persino Venturi aveva trovato il suo sentiero luminoso. Dopo la maturità avrebbe seguito un corso da estetista perché voleva fare la manicure, e nel frattempo si esercitava sulle nostre unghie, che dipingeva di colori diversi seguendo il suo umore ondivago. Non so quanto i genitori fossero contenti di averla fatta studiare nell'illustre liceo classico per poi ritrovarsela in un salone di bellezza, ma questo era un dettaglio.

Era un'epoca entusiasmante, in cui all'improvviso nascevano alternative in qualsiasi campo e altre sarebbero spuntate come funghi dalle fervide menti di tanti giovani che pensavano soltanto a rovesciare le carte in tavola. In una manciata di anni tutto sembrava cambiato, nessuno sognava piú le sicurezze di un tempo: il posto fisso, il lavoro in banca, l'impiego ministeriale cosí ambiti dalle nostre famiglie avevano perso ogni attrattiva, come abiti passati di moda e a parte Palumbo, che rimaneva ancorata al suo sogno di diventare insegnante di liceo, c'era un'intera generazione che non vedeva l'ora di sperimentare altre strade. Sopra ogni cosa volevamo viaggiare, ma senza le comodità considerate indispensabili dai nostri genitori. L'idea era quella di partire e basta, meglio se a piedi in autostop o con qualche auto sgangherata, tanto non sarebbe stato un dramma se si fosse sfasciata poiché qualunque contrattempo si trasformava in un'avventura.

Sognavo anch'io di andare prima o poi in India su uno di quei Magic Bus carichi di ragazzi e ragazze di varie nazionalità che come un fiume umano s'incontravano senza appuntamento sulle rotte che accendevano la nostra immaginazione. Anche il Messico o il Marocco andavano bene, e meglio ancora sarebbe stato cambiare idea durante il percorso, magari unendosi a nuovi amici incontrati «on the road», cosí si diceva. Tanto nessuno aveva mai un biglietto di ritorno in tasca. Unica condizione indispensabile, un orizzonte di tempo sconfinato davanti a sé.

L'incertezza e l'instabilità ci attiravano piú del canto delle sirene mentre il buon senso e l'assennatezza predicati con monotonia dagli adulti non facevano piú alcuna presa sulle nostre testoline irrequiete ed effervescenti. Volevamo essere avventati e liberi di sbagliare, sí, soprattutto di sbagliare.

E io? Per ora mi limitavo a seguire la corrente un po' alla cieca, ancora non sapevo come avrei riempito la pagina bianca della mia esistenza, ma proprio quando stavo per essere travolta dal vuoto della temuta pausa estiva arrivò una notizia fulminante.

Saremmo andate in vacanza dalla zia.

Non era certo la meta esotica dei miei sogni, ma rispetto all'umida prigione sul litorale romano sembrava un paradiso. La svogliatezza che seguiva a ogni fine d'anno scolastico si trasformò all'istante in qualcosa di nuovo ed eccitante. Il patriarca aveva ceduto, il che voleva dire che ci teneva parecchio alla signorina Rita, e forse anche al suo marmocchio. Ci teneva piú che a noi, ormai era chiaro. La gioia per questo piccolo trionfo si accompagnò a un senso di pena per la mamma: sarebbe stato meglio dirle la verità o lasciarle godere una vacanza inaspettata? Era la domanda delle domande. Quando vedevamo il ragazzo ufficiale di una nostra amica baciarsi di nascosto con un'altra ci riunivamo in gran consiglio per decidere se andare a riferirglielo o no. Va da sé che glielo dicevamo subito. Un po' per diventare protagoniste del dramma che sarebbe inevitabilmente scoppiato, un po' perché, se non lo facevamo noi, lo avrebbe fatto qualcun altro. D'altronde non c'è cosa piú straziante di quando tutti sanno la verità meno che la diretta interessata. L'amicizia serve pure a questo, no? Ma nel caso della mamma la questione era piú delicata, lo capivo persino io che non la sopportavo.

Ogni volta che stavo per confessarle il tradimento qualcosa mi bloccava. Cominciavo a parlarle di papà e, a sorpresa, dai suoi occhi circondati da rughe sottili emergeva una luce misteriosa che mi ricordava la sua espressione spensierata nelle foto del viaggio di nozze a Capri, una serie di scatti ingialliti rinchiusa da tempo in una scatola di cartone sopra l'armadio che io e mia sorella andavamo a sbirciare di nascosto, perché nulla suscita piú meraviglia dello scoprire che i propri genitori sono stati giovani e romantici. Papà indossava una maglietta a righe stile marinaro e la mamma teneva i capelli sciolti al vento, trattenuti appena da un piccolo nastro bianco. Nulla a che vedere con l'elmetto di permanente che sfoggiava adesso come un'arma di difesa. Lui la guardava con un sorriso malizioso e lei lo ricambiava, mostrando un'impertinenza che non avevo mai colto nel suo sguardo. Quindi si sono amati. Anche se per poco.

Un'idea astrusa mi balenò nella mente: e se mamma fosse tuttora innamorata? Non tanto del patriarca di oggi, ma della coppia in posa davanti ai faraglioni baciata dal sole del Mediterraneo in un'estate degli anni Cinquanta. E chissà, magari stava ancora rincorrendo quell'attimo nella speranza che il venticello caldo della costiera tornasse prima o poi ad addolcire l'uomo spigoloso e anaffettivo che era diventato mio padre.

La immaginai nel momento in cui il suo giovane cuore di donna aveva nutrito sogni e illusioni, poi qualcosa non aveva funzionato e forse la mamma era rimasta rinchiusa in quel palpito, che ha continuato a tenerla prigioniera del passato, impedendole di vedere la realtà.

Ecco, doveva essere andata per forza cosí. Non si spiegava altrimenti la sua ostinazione a rimanere legata a un marito che si divertiva a umiliarla a ogni occasione. Ci sono fili misteriosi che tengono unite le persone, ragioni imperscrutabili che è difficile capire per chi guarda dall'esterno. La nostalgia per ciò che avremmo potuto essere e non siamo mai stati è un buon motivo per rimanere insieme tutta la vita? Per me no.

Eppure, nonostante i miei tipici ragionamenti pieni di senso, alla fine mi sono trovata davanti al portone di Palazzo Sforza, decisa a espugnare il castello incantato e il cavaliere solitario che si era arroccato tra le sue mura.

– Sara, che sorpresa!

– Scusa, Saverio... sono piombata all'improvviso... ho provato a chiamarti ma il tuo telefono fa uno strano suono di occupato...

– Sí, al momento non funziona, tanto c'è la cabina qua sotto.

Non ho indagato oltre, ma era evidente che le condizioni del maniero erano – se possibile – peggiorate dall'ultima volta che ci avevo messo piede. Il pianoforte però era rimasto al centro della stanza, ultimo baluardo a proteggere la dignità del casato dagli insulti dell'esistenza.

– Ti va di suonare qualcosa? – ho azzardato tanto per dire e vincere l'imbarazzo.

– No, mettiamo un disco.

Mi ha portato nella sua camera e dopo una minuziosa ricerca ha pescato dalla sterminata collezione di 33 giri un lp di Leonard Cohen.

Non eravamo in Grecia nell'isola di Hydra e io non ero bella come la Marianne della canzone, ma il sacro potere della musica stava compiendo il suo sortilegio. Saverio aveva il volto scavato e gli occhi piú azzurri che mai, faceva caldo e teneva la camicia aperta sul petto, mostrando un ciuffo di peli dorati e un piccolo neo vicino all'ombelico che avrei voluto baciare all'istante, però l'emozione mi aveva pietrificato i movimenti, mi sembrava di avere la bocca piena di sabbia e non riuscivo a scandire le parole. Per fortuna il silenzio era riempito dalla voce calda e suadente di Leonard che usciva dal giradischi, ma non bastava a quietare il battito del mio cuore che correva all'impazzata, come un ottovolante senza controllo.

Non immaginavo che il desiderio sessuale facesse questo effetto assurdo, evidentemente il fenomeno avveniva solo in presenza di soggetti molto amati e a lungo vagheggiati, perché in riva al mare con il cacciatore di telline non si era manifestato nessun sintomo cosí strabiliante. La cosa positiva era che non avevo piú bisogno di sforzarmi per ascoltare il mio corpo, ormai aveva imparato a parlare e non c'era modo di farlo tacere. Comunque non avrei mai preso l'iniziativa. Non ero diventata tanto audace da ribaltare la regola aurea dei nostri approcci, che imponeva ai maschi l'onere della prima mossa. Ma non c'è stato bisogno di aspettare molto, si vede che stavo lanciando messaggi piú eloquenti di qualsiasi discorso e quando Saverio mi ha preso tra le braccia è stato come viaggiare in un ricordo, era già tutto previsto e finalmente siamo scivolati nella nostra storia. *So long, Marianne.*

Ho perso la verginità il 29 giugno del 1969 con dolcezza e beatitudine, protetta dallo sguardo di Michail Aleksandrovič Bakunin, paladino della libertà, che ci guardava benevolo da un poster appeso al muro.

19

Per quanto la torre di controllo continuasse a chiamarlo, Major Tom purtroppo non ha piú sentito gli appelli che arrivavano dalla Terra e si è inabissato per sempre nelle galassie. Gli astronauti dell'*Apollo 11* invece sono arrivati sulla Luna e, dopo aver fatto una passeggiatina e piantato una bandiera, sono tornati a casa sani e salvi.

Gli inglesi avevano scelto una canzone senza lieto fine per le telecronache che arrivavano dallo spazio, una stravaganza *british* che si giustificava solo con l'assoluta bellezza di *Space Oddity* di David Bowie, uscito proprio in coincidenza con la missione lunare.

Noi invece seguimmo l'avventura spaziale attraverso le immagini sgranate di un piccolo televisore nella cucina della zia, mangiando le melanzane *bbuttunate* preparate per l'occasione.

Il paesino del Sud festeggiò il primo passo dell'uomo sulla Luna con una batteria di fuochi d'artificio degna della festa di san Nicola, praticamente un bombardamento. Era il loro modo di celebrare e ogni scusa valeva, anche se la Luna che avevamo sempre occhieggiato con stupore da quel giorno non sarebbe stata piú la stessa. La conquista del suo candido mistero era un altro segno del Fato? Chissà, e comunque quando la notte buia si accese d'improvviso nessuno ci pensò piú. I disegni arzigogolati che apparivano nel cielo, scintillanti come le sontuose decorazioni del mantello di un re, erano seguiti da botti fortissimi che sembravano provenire dalle viscere della terra. Facevano tremare i vetri e i nostri poveri timpani, ma nessuno aveva paura, neppure i bambini piú piccoli, che saltavano dalla gioia a ogni scoppio. Non c'era rito piú esaltante per scacciare la morte e la malasorte e tutto il paese restò incantato con il naso all'insú a guardare i fuochi, respirando l'aria pervasa dalla polvere da sparo che faceva pizzicare le narici.

Sbirciai il viso di mia madre illuminato dalle fontane di luce multicolori e per la prima volta dopo tanto tempo la vidi non dico felice, un concetto fuori portata per lei, ma serena sí. Pareva si fosse liberata di un peso, come se le avessero tolto un masso dalle spalle e il suo corpo sempre contratto si fosse disteso, abbracciando il ritmo quotidiano della zia Antonietta.

Nel borgo popolato da personaggi fuori dall'ordinario – parevano spuntati per magia dalla Macondo di *Cent'anni di solitudine* – le giornate seguivano un movimento circolare che non mutava mai. Prima che il sole scatenasse la sua furia la zia si occupava dell'orto e raccoglieva quello che avrebbe tagliato, lavato, schiacciato, sbucciato e soprattutto fritto durante il giorno. Lo sfrigolio dell'olio nella padella ci accompagnava come una musica, arrivando a sovrastare le canzoni del mio vecchio mangiadischi. Per non parlare dell'odore di questa frittura perenne, una fragranza penetrante a cui ci si abituava come a una presenza familiare che proteggeva la casa dagli spiriti maligni. Poi c'erano i bagni e le nuotate nella cala moresca alla rincorsa della corrente di acqua sulfurea e, alla sera, le chiacchiere insieme alle vicine, una fila di donne *ssittate allu friscu* su sediette di paglia rivolte rigorosamente verso la porta di casa. Mi chiedevo perché non guardassero la strada ma un muro, quella che sembrava una stranezza mi apparve chiara dopo qualche giorno in compagnia delle *cummari*. La realtà non le entusiasmava, la vita esterna apparteneva agli uomini, che andavano al bar e giocavano a carte, grugnendo a ogni calata. A loro invece interessavano i racconti piú o meno fantasiosi che si scambiavano come doni preziosi: leggende, pettegolezzi, cronache di famiglie in disgrazia o resurrezioni miracolose. Tutto contribuiva alla costruzione di un mondo immaginario che sostituiva la fatica del presente. Avevano i volti scavati dal sole, i corpi provati dalle gravidanze e a volte dalla brutalità dei loro compagni, ma erano leggere e tenaci e non perdevano mai il coraggio di vivere. Tenevano insieme i pezzi delle loro esistenze tessendo un intricato ricamo di storie che le univa in una catena inestricabile. Abili nell'arte della narrazione come nell'eseguire il difficile punto chiacchierino, con cui trasformavano un semplice filo in magnifici ghirigori: non era una meraviglia che si chiamasse proprio cosí, chiacchierino?

Strano che mi appassionassi a delle vite tanto lontane dalla mia. C'era qualcosa di magico nella loro resistenza e persino la mamma si lasciò andare piano piano a quella corrente benefica. Non era mai vissuta lí e la zia, anche se era solo una cugina lontana, rappresentava l'unico legame sincero a cui poteva aggrapparsi. Pur non avendo alcuna dimestichezza con confidenze e complicità varie, la mamma fu subito a suo agio in mezzo al bizzarro cicaleccio di cui capiva a stento la metà delle parole. Il dialetto aveva un suono rassicurante e fiabesco e comunque la zia Antonietta le traduceva i passi piú succosi, avvincenti come le trame dei film che vedevano al cinematografo.

Da quando *lu zi Pippi* se n'era andato di casa, anzi da quando la zia l'aveva cacciato creando un certo scandalo in paese, ferveva un dibattito tra le donne del vicolo. «*Meju nu tristu maritu, ca cu resti zzita parata*» ripeteva con convinzione Ada, la piú anziana, meglio un marito *tristu* che restare da sola. Ma le altre *cummari* non erano d'accordo e si schieravano con la zia, che aveva avuto il coraggio di liberarsi di un uomo quasi sempre ubriaco che la riempiva di mazzate. Lo chiamavano «*culuruttu*» e «*cacafave*» e non c'era altro da aggiungere. Eppure rimanere sola per una donna era considerata ancora una disgrazia: «*Fimmina no maritata, fimmina male guardata*» ribatteva con decisione l'Ada, che parlava solo per proverbi, perfida filosofia popolare che non lasciava scampo. Secondo lei era comunque meglio un marito storpio, sordo o sciancato che l'infamante stato di signorina. E si finiva per citare ogni sera la vicenda dell'addulurata Concetta, che aveva aspettato tutta la vita l'arrivo della nave che avrebbe dovuto portarle la *cascia* con il corredo nuziale, indispensabile per trovare un marito. Morí zitella a quasi a cent'anni perché si diceva che le sue lenzuola di lino ricamate fossero finite in fondo al mare dopo una tempesta. I *vagnoni* del paese la canzonavano annunciandole in continuazione l'attracco di un battello in porto. Lei ogni volta correva verso Torre Lupo per scrutare l'orizzonte e poi se ne tornava a casa sconsolata, raccogliendo fascine su fascine con cui riempiva una gerla che si trascinava in spalla per i vicoli cantando a squarciagola.

Aspettare, pazientare o ribellarsi e buttare tutto all'aria? Era sempre lo stesso dilemma che si perpetuava nei secoli dei secoli, anche se l'uomo ormai era arrivato sulla Luna.

Le donne del vicolo invece volevano restare con i piedi per terra, che se ne facevano di un pianeta desolato pieno di sassi? Un luogo inospitale dove non ci si poteva neppure dire due parole in santa pace. Era meglio che la Luna restasse nelle canzoni degli innamorati, non c'era niente di bello da vedere lí. Preferivano il cuore che pulsava e faceva cambiare direzione ai sentimenti e il sangue rosso come la salsa di pomodori, con cui riempivano le bottiglie per l'inverno. Ne avrei portata una in regalo alla famiglia di Palumbo, Lucy avrebbe apprezzato e si sarebbe leccata i baffi nell'assaggiare quel sugo denso e saporito sulle tagliatelle fatte in casa dalla mamma.

Purtroppo Lucy i baffi li aveva davvero, una leggera peluria che le incorniciava le labbra, cosí sottile che sembrava una riga tratteggiata a matita. A nulla erano valsi gli sforzi di Venturi, che aveva cercato in ogni modo di strappargliela via con delle strisce ricoperte di colla con cui ormai depilava tutta la compagnia. Il giovane tipografo non aveva nulla da eccepire e tanto bastava. Palumbo stava trascorrendo le vacanze in Abruzzo con il suo amore sorvegliata a vista dalla famiglia, nel pieno rispetto delle tradizioni e con la sicura approvazione del *Salotto di Brunella*. Ci scrivevamo letterine stringate perché eravamo troppo occupate dalla nostra giovinezza. Ognuna immersa in quell'estate di grandi mutamenti, di sicuro piú sorprendenti di quanto avessimo mai immaginato.

Oltre alle *cummari* della zia c'erano tanti ragazzi e ragazze come me, gli amici della «cuginetta» che grazie ai lacrimosi racconti familiari avevo sempre considerato una poverina e che invece era un tipo spregiudicato e divertente: sapeva a memoria le nostre canzoni piú amate e le cantava in un inglese impeccabile, abbandonando per magia ogni inflessione dialettale. Ma era anche in grado di rollare alla perfezione dei cannoni giganti che non avevano niente da invidiare ai manufatti di Lola.

Certo, io avrei preferito trovarmi a ben altra latitudine, per l'esattezza a Woodstock, nelle campagne americane vicine a New York, dove si teneva un festival musicale pazzesco.

Non c'era giovane nell'universo intero che non volesse essere lí insieme a Janis Joplin e ai Grateful Dead a celebrare la rivoluzione che di lí a poco avrebbe spazzato via il vecchiume in cui eravamo cresciuti. Ma qualcosa era cambiato in me durante la strana estate della scoperta della Luna. Non si può mai dire con certezza quando sopraggiunga in noi una trasformazione definitiva eppure, cullata dalla terra della Signora dei Turchi, con la luce resa accecante dal riflesso delle pietre bianche delle chiese e l'onnipresente specchio del mare che tutto abbracciava, ho sentito che era arrivata la nuova me che tanto aspettavo.

Il mio corpo, liberato dall'imbarazzo della verginità, stava fiorendo come una pianta che avesse infine trovato l'angolo ideale in giardino. La pelle abbronzata, i pensieri sciolti e l'inedita consapevolezza della mia femminilità avevano contribuito a una vera metamorfosi. Mi sentivo leggera, piú sicura di me. Avevo smesso di camminare un po' ingobbita per nascondere le tette, che adesso mostravo con una certa fierezza. Stavo assaporando la mia stagione piú bella e cominciai a dar retta allo spiritello ottimista che mi accompagnava come un nuovo amico d'avventure. Non avevo fretta perché lui mi diceva con la sua voce suadente che ci sarebbe stato un tempo per tutto e che ormai ero in grado di percorrere il sentiero accidentato della libertà senza piú cedere all'ansia adolescenziale che mi aveva perseguitato fino ad allora. Ecco cos'era la famosa crescita. Mi sembrava di essere rinata, come chi – dopo un'apnea troppo prolungata – riemerge in superficie e prende fiato a pieni polmoni. A volte mi capitava addirittura di respirare all'unisono con la mamma e, fenomeno ancor piú insolito, di ridere insieme a lei di piccole sciocchezze e fatuità, condividendo un affiatamento inaspettato e sorprendente.

Certo, non mi aspettavo i miracoli della Madonna di Costantinopoli e delle altre sante e martiri varie che in ogni paese vicino a quello della zia avevano fermato epidemie, siccità, invasioni nemiche e uragani. Imprese soprannaturali trasmesse di bocca in bocca e affrescate sulle pareti dei Calvari che punteggiavano le campagne, tra muretti a secco e fichi d'India. Mi accontentavo di molto meno. Era inutile sperare in una redenzione della mamma. Non si sarebbe mai separata dal patriarca, nemmeno con l'assenso e la benedizione della Vergine. Non ce la poteva fare, anche se il marito era «*nu tristu cacafave*», come lo zio Pippi, ma almeno ero riuscita a esaudire un suo desiderio e soprattutto a proteggere quella fragilità che non mi spaventava piú, anzi mi faceva tenerezza. Uno strano sentimento, la tenerezza, roba che si può apprezzare solo da adulti, quando qualche piccola conquista personale ti rende comprensiva e altruista perché non hai piú bisogno di difenderti a spada tratta.

Mi ero ripromessa di non dimenticare questo stato celestiale tornando in città. Avevo paura di contrarre il morbo dell'oblio, una specie di maledizione di cui erano rimasti vittima gli abitanti di Macondo. La malattia era nata dall'insonnia e a forza di restare svegli avevano perso lentamente la memoria. Alla fine non si ricordavano piú neanche come si chiamassero forchette e coltelli, e per riuscire a sopravvivere furono costretti a scrivere il nome degli oggetti su foglietti volanti sparsi per casa e a ingaggiare una folle caccia al tesoro per trovarli. Ma poi arrivò il momento in cui non capirono piú a cosa mai potessero servire quegli strani aggeggi con nomi tanto bizzarri e, peggio ancora, persero il significato dei sentimenti e quindi il senso della vita. Per fortuna, come avviene nelle belle storie, giunse in loro soccorso un mago, il vecchio Melquíades, con il provvidenziale antidoto che scongiurò il caos. Perché nessuno di noi potrebbe vivere senza ricordi e sentimenti. Io lo sapevo bene. Tutto poteva capitare, ma guai a cancellare dalla mia memoria l'amore per Saverio e quello che era successo tra noi. Però non ero una stupida, né un'illusa. Era passato il tempo delle favole e dei sogni campati in aria. Non osavo vagheggiare un legame per cosí dire «tradizionale» insieme a lui.

«Sarebbe come chiudere in gabbia un animale selvatico», aveva sentenziato Palumbo in una delle sue metafore empiriche ma efficaci. D'altronde, non lo diceva anche la canzone degli anarchici? «Nostra legge è la libertà». Insomma, dovevo accettarlo cosí com'era, ma una cartolina con la terrazza moresca del film che avevamo visto al cinema gliel'ho mandata lo stesso. E accanto alla firma ho aggiunto un cuore. Un piccolo gesto romantico che Bakunin in persona avrebbe approvato.

– *A vagnona sa nnamurata,* – sentenziò Ada guardandomi maliziosa, e prima di sciogliere la seduta delle *cummari* aggiunse lapidaria: – *Amore, tosse, zzoppicatura no se potine ccucciare…* – L'unico proverbio a cui non potevo dare torto. Era proprio vero che tosse, zoppia e amore non si possono nascondere agli occhi degli umani.

20.

Tutta la mia vita era stata risucchiata in un buco nero nel cemento. Polvere, detriti e dolore. La foto di un cratere dai contorni sfrangiati come i bordi di una ferita apparve sulle prime pagine dei giornali con titoli a nove colonne: *Orrenda strage a Milano. Tredici morti e novanta feriti.* La bella stagione era finita lí dentro e non era rimasto che fumo. Ancora non lo sapevamo, ma quella cortina impenetrabile avrebbe oscurato per sempre l'orizzonte del nostro futuro.

Uno scoppio lacerante e poi nebbia e odore di mandorle amare. Cosí dicevano le testimonianze dei sopravvissuti, i piú anziani se lo ricordavano bene, era lo stesso persistente olezzo delle bombe della guerra. Noi non sapevamo neanche cosa fosse l'orrore della guerra se non dai racconti monotoni dei nonni, che parlavano di bombardamenti improvvisi e di macerie, di corpi irriconoscibili, straziati, fatti a brandelli, ma nessuno dopo un po' aveva dato piú retta a quelle narrazioni anacronistiche. Non ci riguardavano. Era roba di piú di vent'anni prima, sepolta in un passato che non poteva tornare, almeno per noi che stavamo lí lí per cambiare il mondo. Mancava poco, un'altra spintarella e ce l'avremmo fatta, e invece era tornata la paura, proprio sotto Natale, con le città decorate a festa e la frenesia degli ultimi regali. La paura fa tremare le gambe e indebolisce il cuore. La paura ti costringe a chiudere gli occhi e non ti resta che desiderare l'oblio. Oppure cominci a sognare in segreto che il tempo torni indietro, al punto di partenza, e saresti disposto a rinunciare a tutto, persino ai tuoi ideali, pur di cancellare l'atrocità della morte. Ecco cos'è la paura.

D'altronde è per questo che mettono le bombe, per uccidere insieme agli esseri umani ogni speranza. Ma il peggio per me doveva ancora arrivare.

Eppure mai ritorno a scuola mi era sembrato cosí promettente. Nei piani alti del liceo cinguettavamo come uccellini a primavera anche se eravamo nel pieno dell'autunno caldo, quello per intenderci di «studenti e operai uniti nella lotta». In verità il contributo di noi liceali alla rivoluzione era ben poca cosa, però ci sentivamo comunque parte di un grande movimento in marcia verso la società piú giusta e paritaria che tanto avevamo sognato. Non a caso la data del mio compleanno coincideva con il giorno dello sciopero generale, celebrato da una manifestazione epocale proprio il 19 novembre. Era un altro segno del Fato? Mentre l'Italia intera aveva deciso di fermarsi per chiedere piú diritti e una casa per tutti io compivo i miei agognati sedici anni.

Quale modo migliore per festeggiare? Tanto avevo già rifiutato garbatamente la festicciola che mia madre, forse ringalluzzita dalla nostra nuova confidenza, mi aveva offerto con una complice strizzatina d'occhio. Ero grande per queste sciocchezze, ormai trovavo insopportabili le feste di compleanno dei miei coetanei, che per l'occasione addobbavano il salotto di casa con qualche festone di carta e riempivano di bibite e tramezzini il tavolo da pranzo, spostato strategicamente contro il muro per lasciare spazio al ballo. Un rituale stantio si ripeteva senza sorprese: i genitori che sbirciavano dalla porta se durante un lento ci scappava qualche bacio, l'inevitabile gioco della scopa lasciata con crudeltà sempre in mano al babbeo di turno e, alla fine, la torta con le candeline della pasticceria Dionisi, portata in processione tra cori e schiamazzi dopo aver spento la luce del lampadario della sala. Meglio santificare l'evento in terrazza solo con Lucy. Senza la pizza della *Fenice*, però, perché persino la gloriosa rosticceria aveva aderito allo sciopero generale. Incredibile, voleva proprio dire che l'Italia stava cambiando.

La mamma comunque non si era data per vinta e mi aveva preparato lo stesso una torta e c'era anche papà. Da quando eravamo rientrate dalle vacanze veniva piú spesso a cena, ma aveva perso un po' di smalto. Mi sembrava invecchiato e la tracotanza, che prima diffondeva per tutta casa dalla mattina appena sveglio insieme all'odore penetrante del suo dopobarba, si era un po' appannata, lasciando spazio a un'aria malinconica da cane bastonato. Fino ad allora non me n'ero resa conto. Ero distratta. Avevo perso interesse per le beghe familiari, troppo piccine rispetto al mio personale sol dell'avvenire. Da tempo evitavo il suo sguardo, ma quella sera fissandolo negli occhi notai qualcosa di insolito. Mi stava forse chiedendo una tregua? Una cosa è certa: il regalo che aveva tirato fuori all'improvviso dopo il brindisi con lo spumantino mi lasciò di stucco. Un mangiadischi nuovo di zecca, color rosso fuoco, e di un modello che avevo sempre desiderato. Una sorpresa inaspettata e terribilmente attraente. Come non arrendersi a questa lusinga? Sapevo che mio padre non sopportava neanche una nota della musica che io mi ostinavo ad ascoltare in ogni angolo dell'appartamento, trascinando come un cane al guinzaglio il mio vecchio apparecchio, che ormai balbettava i ritornelli incantandosi sul piú bello. Eppure era sicuramente andato lui a comprarlo al negozio di elettrodomestici in fondo alla strada, quello con la vetrina piena di lavatrici e 45 giri di successo. C'era qualcosa nell'aria e la conferma l'ho avuta appena la mamma si è eclissata in cucina per lavare i piatti insieme a mia sorella. Dopo essersi seduto accanto a me, papà mi ha preso la mano. Un gesto azzardato, che mi ha subito messo a disagio e aumentato i battiti cardiaci. Come se non bastasse, ha cominciato a bisbigliare monosillabi in un tono insolito. Conoscevo la sua voce tagliente e imperiosa e quelle note dolciastre erano un'inquietante novità.

– Stai diventando grande Sara e possiamo parlare... – Ahia, qualcosa di grave si profilava all'orizzonte. Ma non riuscivo a concentrarmi sulle parole, fissavo una macchia di cioccolato che aveva compromesso la purezza della sua camicia candida. Il momento aveva perso ogni solennità.

– Non ti devi piú preoccupare per la mamma, se c'è stata qualche ombra ora è tutto passato...

Ombra? Una relazione extraconiugale la definiva un'ombra? Che coraggio. E comunque io non volevo le sue confidenze, mi indignava l'intimità che adesso m'imponeva a comando. Non mi abbracciava mai, non mi aveva mai detto «brava» una volta e ora mi teneva la mano come un amichetto di vecchia data. Se avessi avuto fegato avrei dovuto restituirgli il mangiadischi con tanto di scatola con il fiocco, ma era troppo bello e, da vigliacca, decisi di dargli retta.

Farfugliò frasi sconnesse raccontandomi che la signorina Rita era stata cosí in gamba da aver meritato una promozione, presto si sarebbe trasferita a Milano insieme al figlio e, anche se mi ero sbagliata e avevo visto quel che non c'era, alla fine andava meglio per tutti.

Il tiranno che aveva spadroneggiato sulle nostre vite altro non era che un ometto minuscolo. Mi sentii come Dorothy nella favola del *Mago di Oz*, quando sbirciando dietro al paravento si accorge che il mago spaventoso non è altro che un piccolo imbroglione. E d'un fiato, non so perché, gli chiesi a bruciapelo: – Ma il figlio della signorina Rita è mio fratello? – Era solo quello che volevo sapere e di cui avevo piú paura? In realtà mi piaceva l'idea di avere un fratello «illegittimo», cosí si sussurrava a mezza bocca nelle famiglie perbene. O forse sarebbe piaciuto di piú a mio padre. Finalmente un figlio da poter forgiare secondo i suoi principî. Che se ne faceva di tutte quelle femmine inutili, portatrici di guai? Un maschio gli avrebbe procurato di sicuro meno grattacapi perché, si sa, sono i maschi a contare davvero. Loro sí che potevano fregarsene delle regole o riscriverle a piacimento, ma adesso l'avrei accontentato io perché, come affermava Sibilla Aleramo in una poesia bellissima, stavo imparando ad avere orgoglio «quasi fossi un uomo».

Il patriarca, nella sua nuova versione suadente, insisteva per tranquillizzarmi, ma io avevo già perso ogni interesse per le sue miserabili rassicurazioni e non vedevo l'ora di rifugiarmi in camera mia.

Va be', era chiaro che la relazione con la signorina Rita era finita e, dall'aria mesta che sfoggiava, mi convinsi che era stata lei a lasciarlo di punto in bianco. Forse si era stufata di aspettare, magari gli aveva dato un ultimatum. Lui non ce l'aveva fatta a compiere il grande passo e lei l'aveva mollato. Fine del film. O, meglio, lei aveva subodorato l'inganno. Agli uomini piace tenere i piedi in tante scarpe, non smetterebbero mai, e l'efficiente segretaria in minigonna alla fine si era liberata di quella storia che l'avrebbe fregata a vita. E brava la signorina Rita. Mio padre sarà rimasto di stucco, assuefatto com'era alla docilità della mamma di sicuro non pensava di incontrare tutte queste donne ribelli sulla sua strada. Prima la figlia che svela i suoi altarini, poi la signorina Rita che gli dà il benservito. Com'era possibile che una «ragazza madre» fragile e bisognosa avesse resistito al fascino virile di un maschio cosí autoritario? Cosa stava succedendo? In realtà, ancora troppo poco. Una miriade di femmine devote continuava a restare in attesa per anni nella speranza che prima o poi l'uomo sposato che spergiurava di amarle si decidesse a lasciare la famiglia ufficiale. Lo so perché la rubrica di Brunella era piena di lettere disperate. «Cara Brunella, mi ha detto che dopo Natale lo dirà alla moglie... devo credergli?» Esistenze lastricate di promesse, giuramenti e illusioni malriposte. Chi glielo faceva fare? Un esercito di ancelle, come le adepte di un culto pagano, aspettava con la tavola apparecchiata e il piatto pronto nel forno che l'amante arrivasse a celebrare la sua seconda cena, dopo aver consumato la prima con moglie e figli. Che tristezza infinita. Ma noi avremmo buttato all'aria anche queste insane consuetudini. Non c'era piú spazio nel mondo nuovo per la tirannide dei patriarchi.

Eppure l'inedita dolcezza paterna mi turbava. Non c'ero abituata. Doveva aver toccato dentro di me qualche corda che adesso vibrava a mia insaputa. Finalmente mi aveva visto. Che poi è quello che i figli desiderano piú di ogni cosa. Ero in preda alla confusione. Insieme a un cupo rancore provavo di nuovo la dannata tenerezza degli adulti che mi stava facendo venire voglia di abbracciarlo. Ma mi sono fermata in tempo. Era troppo tardi.

Per non cedere all'emozione, alzandomi di scatto sentenziai senza motivo: – Comunque sappi che la mamma sta benissimo anche senza di te –. Era solo una mia idea, una ripicca buttata lí tanto per interrompere la china pericolosa della nostra conversazione. Dopo aver sputato questa sentenza nel vuoto filai dritta nella mia cameretta

stringendo al petto il prezioso regalo di compleanno, con il
terrore che per rappresaglia potesse riportarlo al negozio.
Al telegiornale stavano dicendo che a Milano, durante
lo sciopero, erano scoppiati dei disordini ed era morto un
poliziotto. Pare che un manifestante l'avesse colpito alla testa con un tubo d'acciaio. Mi misi alla finestra senza
accendere la luce e nella notte illuminata a malapena dai
lampioni della strada mi sembrò di vedere dei corvi che
volavano nel cielo. Quegli uccellacci che gracchiavano nel
buio erano forse un ultimo e definitivo segno del Fato? In
ogni caso non promettevano niente di buono.

Ricordo molto poco degli avvenimenti frenetici del primo trimestre. So che avevo conquistato il liceo, non ero
piú vergine, possedevo un mangiadischi fiammante e tra
le nuove materie era apparsa la tanto agognata filosofia, la
mia preferita. Ero pronta per dare libero sfogo alle arzigo-
golate elucubrazioni che mi appassionavano e non vedevo
l'ora di confrontarmi con Saverio, anche se Schopenhauer
e Hegel, i suoi prediletti, li avrei studiati nell'ultimo anno.
Ma io al solito mi portavo avanti.
Lui veniva poco a scuola. Preferiva preparare la maturità a casa, o cosí diceva. In verità stava spesso al circolo
anarchico con Ronaldo. Questo almeno mi rivelò Beba, che
si era appena iscritta al primo anno di Medicina. La terribile prova che aveva superato con ottimi voti pareva averla prosciugata: sempre piú magra, ormai navigava dentro
ai bei vestiti a fiori acquistati nelle nostre scorribande ai
mercatini delle pulci. Beba Sforza, oltre alla classe innata,
possedeva un occhio magico e riusciva a scovare i pezzi piú
belli nascosti nei banconi dell'usato su cui ci buttavamo a
capofitto tra mille risate. Ma quella allegria insensata apparteneva a un'èra passata.

La vidi arrivare da lontano ondeggiando sul marciapiede, con i riccioli talmente chiari che a un primo sguardo pensai fosse precocemente incanutita. Ci incontravamo solo al baretto all'uscita della scuola, dove veniva ogni tanto a salutarci. Ora indossava degli occhialini di tartaruga tondi che le conferivano un'aria ancora piú seria e consapevole, perfetta per la facoltà che aveva scelto. Erano trascorsi pochi mesi e già dava l'impressione di essere l'abitante di un altro pianeta, come tutti quelli che – usciti dalle grinfie della scuola – perdono i tratti identitari del branco e cominciano a mostrare inediti segni particolari che preannunciano la loro futura personalità. Colta, studiosa, leggermente malinconica, Beba era entrata nella sua nuova pelle.

E Saverio? Era impossibile beccarlo a scuola ma quel giorno, a sorpresa, raggiunse la sorella. Era tanto che non lo vedevo, nella realtà intendo, perché nei miei sogni non mancava mai.

Prima ancora di salutarlo ho pensato al piccolo neo vicino all'ombelico, che adesso era nascosto sotto un maglione peruviano infeltrito. La faccia quasi non si vedeva, oltre alla solita criniera leonina aveva lasciato crescere una barba incolta da cui sbucavano a malapena gli occhi. Eppure anche cosí era l'essere umano piú desiderabile della terra. Ci siamo abbracciati e ho provato il consueto brivido, ma in lui non cercavo solo l'amore. Mi mancavano i suoi discorsi un po' folli, sempre pieni di intuizioni sorprendenti, e la dolcezza visionaria con cui raccontava il mondo libero che avremmo dovuto costruire tutti insieme, un passo alla volta. Con lui l'utopia non sembrava una roba da sognatori spericolati, piuttosto una possibilità a portata di mano che ci aspettava proprio dietro l'angolo. Che musica ascoltava adesso? Che libri leggeva? Avrei voluto sapere tante cose, però abbiamo scambiato soltanto poche parole. Gli

ho raccontato quante Madonne mi erano apparse durante
l'estate nel paesino della zia nella terra di Carmelo Bene.
Abbiamo riso e ci siamo ripromessi di vederci presto. Non
dovevamo perderci.

A ripensarci ora avrei dovuto dire qualcosa di più profondo o di più seducente, qualsiasi cosa sarebbe stata meglio delle sciocchezze che mi uscivano di bocca come bolle
di sapone destinate a dissolversi nell'aria. Ma le battute
pronunciate davanti a scuola sono di una leggerezza impalpabile, come se a quella latitudine fosse proibito per qualche decreto non scritto prendersi troppo sul serio.

Di quei giorni mi tornano in mente dettagli insignificanti: Violante con i capelli sempre più corti; Lola fiammeggiante con le dita piene di anelli macchiate dai colori
dei suoi quadri; Lucy la saggia che mi passa le equazioni di
secondo grado, irraggiungibili rompicapo per le mie scarse
capacità scientifiche. Frammenti sparsi di un'età dell'innocenza che credevamo eterna, ma che si sarebbe disin-
tegrata davanti ai nostri occhi, cancellando ogni traccia
delle esistenze precedenti.

Non ci avevano ancora consegnato le prime pagelle e
già si respirava l'aria spensierata delle vacanze natalizie
quando arrivò quel 12 dicembre, uno spartiacque che de-
viò improvvisamente il corso del nostro piccolo quotidiano
scolastico proiettandoci nella vita adulta senza preavviso.

21

Le bombe in realtà erano cinque, tre a Roma – dove per fortuna non ci sono state vittime – e due a Milano: una inesplosa e l'altra alla Banca dell'Agricoltura di piazza Fontana. La madre di tutte le bombe. Come ogni famiglia italiana rimanemmo incollati per ore davanti allo schermo del televisore. Persino mio padre, che non ci aveva mai risparmiato i suoi commenti saccenti su ogni notizia del telegiornale, restò muto, con il volto pietrificato. Non era mai successo nulla di simile nel nostro Paese dai tempi della guerra. «Un attacco degno di un conflitto», ripeteva il giornalista attonito aggirandosi tra le macerie.

I racconti emersi dopo lo choc iniziale suonavano spaventosi. Schegge dell'enorme vetrata appuntite come spade erano volate nell'aria, straziando i corpi delle vittime. I primi soccorritori riferivano tra le lacrime che non si distinguevano i vivi dai morti. La deflagrazione era stata di una potenza inaudita. Brandelli di esseri umani erano sparsi dappertutto, addirittura attaccati alle pareti della grande sala dove era stata piazzata la borsa con sette chili di tritolo. Mia madre aveva spedito mia sorella a letto, non voleva farle sentire queste cronache macabre, era ancora troppo piccola per sopportare l'orrore. A un bambino mandato dai genitori a pagare una cambiale una lama di vetro aveva colpito le gambe, purtroppo non c'era stato niente da fare, gli avevano dovuto amputare un piede. Da grande avrebbe voluto fare il giocatore di calcio, nell'Inter, la sua squadra del cuore.

Storie tragiche si susseguivano lasciandoci senza fiato. Una carneficina di vittime innocenti, cittadini comuni che quel venerdí pomeriggio avevano affollato i saloni della banca come d'abitudine, per concludere piccoli affari, compravendita di terreni e di bestiame. Imprenditori agricoli, sensali di campagna, gente semplice che veniva dalla provincia e avrebbe approfittato dell'occasione per comprare qualche regalo di Natale nella grande Milano piena di negozi illuminati a festa.

Chi aveva messo la bomba lo sapeva bene, e per fare piú vittime possibili non a caso aveva scelto proprio quel luogo e quell'ora. Ma che razza di individui possono immaginare di fare una cosa simile? «Dei mostri», sibilava mio padre, ed è stata la prima volta che ci siamo trovati d'accordo.

Dopo un fine settimana spettrale, il lunedí ci furono i funerali. Avevano portato il televisore della presidenza nell'aula magna, per permettere agli alunni di partecipare. Non avevano mai trasmesso in diretta nazionale un evento del genere. Non volava una mosca e assistemmo sbigottiti all'immenso corteo che accompagnava le bare attraverso una città annebbiata e grigia come il piombo. Non era soltanto la pessima ricezione dell'apparecchio dell'istituto collegato a un'antenna di fortuna a dare quella sensazione. A Milano era giorno ma sembrava notte. Anche il cielo si era messo a lutto. E poi il silenzio. Piú forte di qualsiasi proclama, spezzato a tratti dal pianto sommesso dei parenti delle vittime, all'interno della chiesa. Un popolo compatto e solidale stava manifestando senza un bisbiglio contro la strage. «Una dimostrazione di resistenza e civiltà che lenisce il dolore e fa ben sperare per il futuro del Paese», aveva detto il preside con un tono consolatorio. Ma Venturi era scoppiata lo stesso in lacrime. Tra i cittadini milanesi si intravedevano giovani, vecchi, gente comune, studenti e tanti operai. Lucy mi aveva detto che una delegazione di compagni della fabbrica del padre era salita a Milano per solidarietà. Fuori dal duomo, stipato fino all'inverosimile, una folla muta che non era riuscita a entrare seguiva la funzione dagli altoparlanti montati per l'occasione.

Le telecamere inquadrarono uno striscione con su scritto «Non dimenticare». E chi poteva dimenticare? Eravamo giovani e impreparate e la storia ci era piombata addosso senza pietà.

Continuavamo a chiederci chi avesse mai potuto ordire un piano cosí crudele.

I giornali già parlavano di una matrice politica e a scuola cominciavano a circolare le ipotesi piú azzardate. Violante era la piú determinata: – Un attentato terroristico è la cosa migliore per spostare il Paese a destra, pensa a cosa è successo in Grecia, vogliono il colpo di Stato anche qui, per stroncare le lotte e restaurare l'ordine. Hai visto che il presidente Saragat non è ai funerali?

Sí, l'avevo visto, dicevano che aveva precedenti impegni istituzionali, ma quali impegni possono essere piú importanti dei funerali delle vittime di una strage? Era tutto piú grande di me e stentavo a credere che qualcuno avesse pianificato di proposito un'azione cosí vigliacca per riportarci indietro nel tempo, a un passato che pensavamo di esserci scrollati di dosso per sempre.

Poi all'improvviso tutto precipitò. Ancora non sapevo che subito dopo la strage a Milano erano già iniziate le retate degli anarchici. Nessuno lo sapeva. Andavano a prenderli alla rinfusa e tra loro c'era Giuseppe Pinelli, un ferroviere con moglie e due figlie. Lo avevano trattenuto e interrogato per settantadue ore senza la convalida del fermo da parte di un magistrato, però questo non lo riportava quasi nessun giornale. E alla mezzanotte del 15 dicembre era misteriosamente precipitato dal quarto piano della questura. No, per la precisione, da quel che dicevano alcuni articoli, aveva avuto un malore ed era caduto. No, meglio ancora, «si è suicidato», aveva assicurato in una conferenza stampa notturna il questore Marcello Guida. Si era suicidato buttandosi dalla finestra quando gli avevano detto che il suo complice nella strage, tal Pietro Valpreda, aveva confessato tutto. A quel punto, vedendosi perduto, si era gettato nel vuoto urlando: «L'anarchia è finita». Non avevano fatto in tempo a trattenerlo, anche se erano in cinque dentro quella stanza. Il suicidio era diventato la prova lampante della sua colpevolezza. Cosí aveva affermato soddisfatto il questore.

A confermare le accuse era spuntato a sorpresa un testimone. Un tassista milanese aveva riconosciuto questo Valpreda, un ex ballerino con un passato balordo, e sosteneva di averlo portato con la borsa carica di tritolo fino alla banca. «Forse prenderà una ricompensa di cinquanta milioni», scriveva qualcuno.

Il caso era chiuso. Gli anarchici erano i colpevoli. Il Paese tirò un sospiro di sollievo. Lo Stato aveva prontamente assicurato gli assassini alla giustizia e la gente perbene poteva dormire sonni tranquilli. Io invece ero sempre piú agitata.

Leggevo incredula le notizie che si accavallavano sui quotidiani. Ora mostravano in prima pagina l'istantanea della moglie di Pinelli, la signora Licia, mentre a notte fonda apriva la porta ai cronisti che si erano precipitati a casa sua per annunciarle la morte del marito bersagliandola di flash. Due occhi d'ebano penetranti, un viso scolpito nel marmo, pallido e intenso come quelli delle attrici nelle tragedie greche del Teatro di Ostia Antica. Mi ci portavano da piccola ed ero impressionata da quei volti bianchi che sembravano cosparsi di farina. Mamma, per rassicurarmi, mi ripeteva: «È tutto finto, pulcino, è solo teatro». Invece qui era tutto drammaticamente vero. Dalla questura quella notte nessuno si era preso la briga di avvertirla che era diventata vedova, hanno detto che avevano troppo da fare.

Poi ci furono soltanto le foto del mostro. Pietro Valpreda, la mente dell'attentato, era diventato per l'intero Paese «una belva disumana», «un essere osceno e ripugnante», «un pazzo sanguinario e malvagio», «uno squilibrato che aveva in odio l'umanità intera». Facevano a gara per trovare le parole piú raccapriccianti per definire l'essere immondo che aveva provocato tanto dolore insieme ai suoi complici, gli anarchici di un piccolo circolo romano, gentaglia assetata di violenza e vendetta sociale.

E con lo stesso impeto, accanto al disgusto per i colpevoli, si manifestò il plauso generale alle forze dell'ordine per aver risolto il caso con una velocità straordinaria.

Un giovane giornalista della Rai, durante il Tg della sera, chiese zelante al questore: «Da quando avevate capito che era stato Valpreda a mettere la bomba?» La risposta fu fulminea: «Subito, fin dalle prime ore».

In quei momenti surriscaldati dal terrore e dallo sdegno, solo uno sparuto gruppo di giornalisti provò con coraggio a nuotare controcorrente, cercando di insinuare dubbi, ponendo domande scomode, insomma facendo i giornalisti. Incongruenze e contraddizioni cominciavano ad affiorare ma chiunque provasse a scalfire la granitica versione ufficiale – che aveva subito seguito la «pista rossa», cosí la chiamavano – era isolato e malvisto, al pari di un traditore della Patria. E comunque nessuno gli avrebbe mai creduto. Persino il mio portinaio, che non si era mai interessato di politica ma solo di calcio, incontrandomi nell'androne mi disse soddisfatto, come se avesse vinto il derby: – Io l'avevo detto dall'inizio che erano stati i rossi –. Avrebbero potuto assumerlo al Tg se avesse fatto domanda.

Quella valanga di consensi era talmente potente che non fu difficile convincere un intero Paese che vacillava in balia della paura. C'era bisogno di un colpevole per tornare a vivere e lo Stato l'aveva trovato.

Com'era possibile che proprio chi doveva assicurarci un mondo migliore avesse ideato una carneficina? Dov'era finita la dose di felicità che le canzoni, i libri, i film di cui mi ero cibata con passione mi avevano promesso? L'assicurazione stipulata con fiducia sul mio avvenire era diventata carta straccia, avrei rivoluto indietro il futuro di una volta, ma era troppo tardi.

A scuola la mattina dopo trovai una baraonda incredibile. I fascisti si erano posizionati davanti al cancello e gridavano «assassini, assassini» agli studenti che cercavano di entrare. Cosí ho saputo che avevano arrestato Saverio. E insieme a lui il suo amico Ronaldo. Eravamo la scuola che aveva allevato i mostri e la dovevamo pagare.

Una parte di me sapeva da sempre che sarebbe andata cosí. In quelle ore concitate avrei voluto chiamarlo per sapere come stava, che pensava, ma tanto il telefono era rotto... giusto? In realtà avevo paura. Solo l'idea di aver frequentato un anarchico... ma che dico? Amato con tutta me stessa un ragazzo meraviglioso, e peraltro con la benedizione di Bakunin, mi faceva venire la tachicardia.

Insieme a Saverio avevano arrestato altri ragazzi del

circolo anarchico, considerati complici di Pietro Valpreda
e, al pari di lui, ritenuti responsabili di strage continua-
ta e di non so quanti altri delitti. Secondo gli inquiren-
ti il piano criminoso era stato ideato, preparato e attuato
dall'intero gruppo, nessuno escluso. L'accusa era uguale
per tutti. In poche parole, Saverio rischiava l'ergastolo.
Una cosa enorme.

Non potevo credere che fosse coinvolto in quell'orrore, Saverio uno stragista? Si stavano sbagliando, lui era
contro la violenza, stava imparando l'esperanto, la lingua
della pace e della comunione tra i popoli. Che c'entrava
con questa storia? Nella sua cameretta di ragazzo mi aveva fatto ascoltare fino alla noia le litanie pacifiste che andavano per la maggiore, certo non si poteva considerare
una prova a sua discolpa da portare in un tribunale, però
mi chiedevo: «Cosa avevano realmente contro di lui?»

Lola mi aveva detto che erano andati a perquisire Palazzo Sforza e avevano trovato in cantina solo dei fuochi
d'artificio da far scoppiare a Capodanno e naturalmente
molti libri. Ero una ragazzina ingenua e ancora non sapevo dell'esistenza di trame occulte, di servizi segreti deviati
e di quella che Violante chiamava «la strategia della tensione». Per un attimo pensai: «E se fosse colpevole?» Lo
immaginai piazzare la bomba azionando il timer con le sue
belle mani da Chopin e l'abilità di un attentatore esper-
to. Poi, con calma, riprendere il motorino parcheggiato in
bella vista e, dopo i tentativi a vuoto con il motore recalcitrante, ripartire tranquillo verso casa. Un'assurdità. Ma
se persino io per un istante avevo vacillato, come poteva
credere alla sua innocenza una nazione ferita e bersagliata
da una pioggia di notizie a senso unico?

Entrammo a stento dentro il cortile di scuola, i piú te-
merari erano restati fuori per tenere testa ai fascisti. Tra

loro c'era Violante, ho visto che urlava come un'ossessa mentre la strattonavano e in tutta risposta lei sputava a casaccio in direzione dei provocatori. Cosa stava succedendo? Ero sconvolta e mi rifugiai tremante in classe di Lola per cercare conforto. Secondo lei dovevo stare tranquilla, ripeteva convinta che era una montatura, un grande equivoco che si sarebbe risolto dopo i soliti accertamenti e nel giro di poche ore l'avrebbero di certo rilasciato. Ma la sua voce tremava. Diceva che Saverio aveva un alibi, stava in libreria al momento dell'esplosione, qualcuno l'aveva pure visto, ma gli alibi non contavano in questa storia, venivano smontati, confutati, smentiti.

Beba era andata al carcere minorile, dove lo avevano rinchiuso insieme a Ronaldo, gli unici due minorenni arrestati. Voleva vederlo e portargli un cambio, dei libri, ma non l'avevano fatta entrare perché era stato messo in isolamento. La belva era finalmente dietro le sbarre e non poteva piú nuocere alla comunità. Mi ricordai di quando Palumbo commentava scherzando il mio eventuale matrimonio con Saverio: «Un animale selvatico non si può rinchiudere in gabbia» ripeteva ridendo, e invece era stato ingabbiato e avevano tutta l'intenzione di buttare la chiave.

Ma ormai certe romanticherie appartenevano alla mia vita precedente, la Sara di allora non esisteva piú. Per fortuna la signora Sforza era ricoverata da qualche mese in una clinica fuori Roma, aveva avuto una delle sue crisi ricorrenti che la portavano lontano dalla realtà, e questa era l'unica buona notizia.

All'uscita di scuola vidi oltre il cancello il padre di Palumbo e il sor Piero. Erano venuti a prendere Lucy, non si sentivano tranquilli. Poteva succedere qualsiasi cosa, la tensione era altissima e i fascisti non mollavano la presa.

Avevano già spaccato il naso a uno studente senza che la polizia avesse alzato un dito.

– Sara, ti portiamo a casa noi.

Li seguii docilmente, ero spaventata anche dalla mia ombra.

– Non devi avere paura. È proprio quello che vogliono, terrorizzare tutti per fare i loro comodi... – Il sor Piero cominciò uno dei suoi soliloqui pieni di buone ragioni e propositi rassicuranti. – Saverio è innocente, gli anarchici non c'entrano niente. Figuriamoci, li accusa il questore Guida, quello che era a capo del confino di Ventotene durante il fascismo, bella carriera che ha fatto... è una vergogna.

Ma io avevo le orecchie tappate, non capivo piú niente, come se fossi sprofondata molti metri sott'acqua. Mi raggiungevano solo alcune parole attutite e incomprensibili che suonavano prive di senso. D'altronde in quei giorni niente aveva piú senso.

– Non riusciranno a fermarci... Il Paese si sveglierà... il sindacato... non bisogna cedere alle provocazioni... i servizi segreti deviati... la Cia... i fascisti vogliono restaurare l'ordine con un colpo di mano... Bisogna vigilare... la democrazia è giovane ma forte...

Aveva cominciato a piovere e Lucy aprí il suo ombrellino colorato cercando di ripararmi, un gesto tenero che non riuscí comunque ad alleggerire la pesantezza che incombeva su di noi come un maleficio.

La mia mente vagava altrove, riuscivo soltanto a pensare: «Quant'è grande una cella d'isolamento?» Una scatola di cemento senza finestre, senza nessun contatto con il mondo. Buio. Silenzio. Non ci poteva essere tortura piú grande per un ragazzo cosí giovane abituato a cogliere tutti gli stimoli dell'universo.

Sotto il portone ci salutammo velocemente e abbracciai Palumbo quasi fosse un addio. Il disegno del Fato si era compiuto ed era uno scarabocchio. Appena arrivata a casa m'infilai di corsa in camera mia. Volevo solo dormire, magari per sempre. E infatti crollai all'istante in un sonno profondo simile a un'anestesia, popolato da strani sogni.

Eravamo nella cantina di Palazzo Sforza, si festeggiava qualcosa, ma lí per lí non capivo bene cosa, forse era un compleanno? Poi, quando tra gli applausi degli amici è spuntato Saverio sorridente, tutto subito è apparso chiaro e luminoso. L'avevano rilasciato. Aveva ragione Lola.

Alla fine c'era voluto poco a smontare le accuse. Una commessa della valigeria Al duomo di Padova aveva chiamato la questura perché dalla foto sui giornali aveva riconosciuto la valigetta inesplosa dell'attentato di Milano. C'era ancora l'etichetta. L'aveva venduta lei in persona, insieme ad altre tre valigie identiche, tutte allo stesso signore che poi aveva identificato dalle foto segnaletiche.

E cosí erano stati costretti dalle evidenze a seguire la famosa «pista nera», e a catena erano affiorati altri indizi che qualcuno dei servizi segreti aveva abilmente occultato. Saltato il tappo sbucavano da ogni angolo testimoni che erano stati silenziati. E anche il tassista, interrogato di nuovo, aveva confessato che prima del riconoscimento gli avevano mostrato una foto di Valpreda per indirizzarlo verso il presunto colpevole. Piano piano una dopo l'altra le incriminazioni cadevano, come le tessere di un domino costruito ad arte.

Nel sogno i miei amici chiacchieravano concitati e nell'eccitazione generale coglievo solo frammenti di discorsi, però l'importante è che finalmente avevano riconosciuto la completa innocenza degli anarchici, tanto che il Tg si era scusa-

to pubblicamente. I veri responsabili erano sotto processo, insieme agli esponenti dei piú oscuri apparati dello Stato che erano riusciti a infiltrare i loro complici per ordire in segreto la trama nera della strage.

L'incubo era finito e non era ancora Natale. Chissà, se non ci fossero stati giornalisti e magistrati coraggiosi, gente che non si era arresa, magari ci sarebbero voluti quarant'anni per sapere la verità e assicurare i colpevoli alla giustizia o forse non sarebbe mai successo. Ma che importava adesso? Saverio era tornato libero e il mondo poteva andare avanti. Mi avevano restituito il mio futuro intatto, come nuovo.

La mamma mi svegliò per l'ora di cena carezzandomi piano la fronte tutta sudata, come il resto del mio corpo.

– Hai fatto un brutto sogno?

– No, era bellissimo...

I suoi occhi preoccupati non presagivano nulla di buono. Papà voleva parlarmi e già avevo capito cosa mi aspettava.

Era al suo posto a capotavola, e senza neanche lasciare che mi sedessi cominciò con impeto un discorso che evidentemente aveva pronto da ore.

– Sara, non puoi continuare a frequentare quella scuola, ti rendi conto di cosa è successo? È un ambiente pericoloso, un covo di teppisti che possono rovinarti la vita per sempre...

Se solo avesse saputo quanto ero legata a quel ragazzo mi avrebbe rinchiuso in un convento di suore di clausura.

Guardai mia madre a cui avevo confessato qualcosina, non proprio tutto, durante la nostra estate galeotta, e dal suo sguardo capii che non mi avrebbe mai tradito ma che, allo stesso tempo, non possedeva la forza di opporsi alla tempesta paterna che stava per abbattersi sulle mie spalle.

I nostri corpi erano cosí tesi che si sarebbero potuti scomporre in mille atomi e disintegrare per sempre. Guardai la stanza da pranzo, era già apparecchiata per la solita cena: i piatti del servizio di tutti i giorni con i fiorellini gialli, i bicchieri colorati conquistati con i punti del supermercato, e decisi in quel momento che non avrei piú voluto rivederli. E con loro l'appartamento, l'intero quartiere con le sue viuzze tranquille, gli alberelli striminziti su cui i cani facevano la pipí annerendo le cortecce, e sopra ogni cosa desideravo che sparisse la scuola con i corridoi bui e i finestroni appannati dalla polvere, e insieme a lei il bar di fronte con i tramezzini rancidi e gli schiamazzi allegri degli studenti.

Quella non era piú la mia scuola. Una voragine aveva inghiottito il mio mondo e non c'era alcun motivo per tenere in vita le macerie. E meno che mai guardarle da lontano, rinchiusa in un istituto per ragazze ammodo, indossando la divisa con la gonna a pieghe e la camicia bianca.

E allora d'istinto, senza alcun ragionamento, dissi qualcosa che mi spaventò come i pensieri malandrini che arrivano all'improvviso: – Sí, hai ragione. Me ne devo andare.

Mio padre strabuzzò gli occhi per la meraviglia. Si aspettava urla, combattimenti, lacrime e sangue... non era preparato a una resa immediata.

Approfittai del suo sbalordimento e aggiunsi determinata: – Me ne voglio andare dalla scuola, ma anche da Roma, voglio finire il liceo giú al Sud dalla zia, non voglio piú stare qui. Se non vuoi che mi ammalo, mandami via.

Non so come, escogitai in quell'istante una via di fuga, l'unica possibile per diventare una donna libera.

La mamma, che finora aveva taciuto, tanto che la sua bocca sembrava solo disegnata, un ornamento inutile della faccia, prese la parola. – Sara ha ragione, ho parlato con il dottor Martella, la ragazza rischia un forte esaurimento nervoso, deve cambiare ambiente, magari per un periodo, finché non si riprende... Qui l'aria è irrespirabile, te ne sei accorto pure tu...

Era mia madre la donna decisa e autorevole che mi assecondava in quella che, dopo averla pronunciata, mi era subito sembrata una pazzia irrealizzabile? La guardai negli occhi e per un attimo vidi l'Amazzone armata di arco e frecce che avevo sognato tanto tempo prima.

Stava succedendo qualcosa di incredibile, avevo preso la prima grande decisione della mia vita e lei si era schierata dalla mia parte. Peraltro con una bugia.

Non ci volle molto per organizzare la partenza.

La zia aveva individuato il nuovo liceo, mamma mi avrebbe accompagnato per il viaggio e mio padre sarebbe rimasto con mia sorella. Naturalmente la signora Ines, che ci aiutava in casa, avrebbe fatto le veci di mia madre per quei pochi giorni, soprattutto in cucina, perché lui non sapeva neppure dove fossero le padelle. A posto.

Ancora non mi rendo conto di come riuscimmo a convincere il patriarca ad accettare un gesto cosí estremo. Mi faceva male pensarlo, ma forse per lui fu una liberazione.

Chi non se ne voleva fare una ragione invece era Lucy, che non la smetteva di piangere e abbracciarmi, e nonostante l'amore del giovane tipografo spergiurava di non poter vivere senza di me. Mi pesava lasciarla, ma era parte di un presepe messo già via. Pezzo dopo pezzo l'avevo incartato con i giornali vecchi e riposto su un soppalco della mia mente. Chissà, un giorno sarei andata a ricercarlo. Non ora.

È incredibile come ogni senso di colpa sparisca una volta presa sul serio una decisione. Una sensazione nuova e inebriante mi faceva sentire leggera, una piuma. Non avevo ancora capito, però, se ero una vigliacca e stavo fuggendo dal campo di battaglia della mia adolescenza o se, al contrario, avevo colto al volo un'occasione per diventare finalmente grande. L'avrei scoperto vivendo o forse mai. Non volevo rinunciare all'impegno, ma era arrivato il tempo della mia rivoluzione. Adesso mi aspettava l'ignoto che avevo tanto desiderato. Alla fine stavo lasciando casa: *She's Leaving Home*, come nella canzone dei Beatles, non a piedi ma su una carrozza di seconda classe di un treno diretto al Sud.

Mi sentivo un'eroina di un romanzo ottocentesco. A essere sincera, alle avventure sfrenate di Jack Kerouac avevo sempre preferito la storia di Isabel Archer di *Ritratto di Signora*, che mi aveva insegnato a non fidarmi di nessuno, nemmeno dell'istinto. Però non ero un'ereditiera e il mio spiritello impertinente mi diceva di non voltarmi indietro, ho dovuto dargli retta. Dopotutto non è cosí difficile fare una valigia se si lascia un po' di spazio per un mangiadischi.

Avevo cominciato a scrivere con regolarità delle letterine affettuose a Saverio, raccontandogli le mie vicissitudini, ma non ho mai saputo se gli sono arrivate. Forse in isolamento era proibito ricevere la posta, o forse dall'abisso in cui era precipitato non aveva nessuna voglia di rispondere, facevo parte della sua vecchia vita ed è probabile che, proprio come me, non volesse piú avere niente a che fare con il passato. Neanche dopo, durante gli anni trascorsi al riformatorio, mi ha mai scritto, e piano piano smisi anch'io.

Leggevo ogni tanto sul giornale degli infiniti e tortuosi processi che, nonostante le evidenze e la responsabilità dei fascisti, continuavano ad allontanare la verità. Quando furono finalmente liberi a nessuno importava piú delle ingiustizie che avevano subito. Erano arrivate altre bombe, stragi, dolori e vendette, la storia purtroppo si ripeteva furiosa e uguale a sé stessa, ma non era riuscita a fermare il mondo nuovo. Avevamo avuto la nostra bella stagione e qualcosa aveva germogliato.

Saverio non l'ho piú rivisto.

Quello che per me doveva essere un periodo lontano da Roma diventò tutto il liceo e poi anche l'università. E cosí, piano piano, lo smemorai.

Ringraziamenti.

Grazie a

Francesca Parravicini, editor implacabile, «un'ape furibonda» proprio come me, ma per fortuna molto piú paziente.

Alla voce incantevole di Orsetta De Rossi che si prende la briga di leggere i miei libri prima, durante e dopo... l'amicizia è anche questo.

A Francesco Colombo, che con cura e gentilezza ci crede sempre, dal primo all'ultimo giorno.

A Luisa Pistoia, fedele compagna di viaggio in ogni avventura, «nonne» forever...

A Paola, Germana, Marisa, Rita, Chiara, Marcella, che fanno parte del «noi»: senza di loro la vita sarebbe molto piú noiosa.

E, come sempre, grazie alla mia famiglia per tutto, per sempre.

Nota al testo.

La citazione a p. 3 è tratta da Nora Ephron, *Discorso al Wellesley College*, 1996, https://www1.wellesley.edu/events/commencement/archives/1996COMMENCEMENT. La traduzione è dell'autrice.

La citazione a p. 3 è tratta da Albert Camus, *Caligola*, trad. di Camilla Diez, Bompiani, Milano 2018.

La citazione a p. 3 è tratta da Alda Merini, *Una piccola ape furibonda*, in *Aforismi e magie*, Rizzoli Bur, Milano 2013.

La citazione a p. 3 è tratta da Colette, *Les Vrilles de la vigne*, Fayard, Paris 2004. La traduzione è dell'autrice.

La citazione a p. 26 è liberamente tratta da *La canzone del sole*. Testo e musica di Lucio Battisti e Mogol. Edizioni Musicali Acqua Azzurra s.r.l. In liquidazione.

Le citazioni alle pp. 44 e 45 sono tratte da don Lorenzo Milani, *Scuola di Barbiana. Lettera a una professoressa*, Mondadori, Milano 2023.

La citazione a p. 58 è tratta da *Ragazzo triste*. Testo e Musica di S. Bono - Adattamento in italiano di G. Boncompagni © 1965 ChrisMarc Music/Cotillion Music Inc. Su licenza di Warner Music Publishing Italy s.r.l.

La citazione alle pp. 68 e 69 è tratta da Ralph Waldo Emerson, *Essays. First series*, Heroism, Phillips, Samson & Company, Boston 1857. La traduzione è dell'autrice.

La citazione a p. 70 è tratta da Franco IV e Franco I, *Ho scritto t'amo sulla sabbia*.

La citazione a p. 76 è una libera traduzione della poesia *Rèsumé* di Dorothy Parker, in *Veleni & champagne*, De Piante, Busto Arsizio 2022, © 2022 De Piante Editore.

La citazione a p. 83 è tratta da *Un'avventura*. Testo di Giulio Rapetti Mogol e musica di Lucio Battisti © 1969 Creazioni Artistiche Musicali – C.A.M. s.r.l. (una società del Gruppo Sugar)/Universal Music Publishing Ricordi s.r.l. Tutti i diritti riservati per tutti i Paesi. Riprodotto su autorizzazione di Hal Leonard Europe Bv. La citazione a p. 115 è tratta da *Insieme a te non ci sto piú*. Testo di Vito Pallavicini e musica di Paolo Conte © 1968 Sugarmusic S.p.A. Tutti i diritti riservati per tutti i Paesi. Riprodotto su autorizzazione di Hal Leonard Europe Bv.

La citazione a p. 181 è tratta da Pietro Gori, *Stornelli d'esilio*.

La citazione a p. 186 è tratta da Sibilla Aleramo, *Sono tanto brava*, in *Momenti*, R. Bemporad e figlio, Firenze 1921.

Nel cap. 6 si fa coincidere il giorno in cui escono i quadri con quello dell'assassinio di Robert Kennedy, il 6 giugno 1968. L'anno scolastico 1967-1968, tuttavia, terminava il 12 giugno.

Alla fine del cap. 10, che si svolge di sabato, si cita l'apparizione di Caterina Caselli a *Canzonissima* con *Perdono*, avvenuta realmente domenica 3 novembre 1968.

Questo libro è stampato su carta contenente fibre certificate FSC®
e con fibre provenienti da altre fonti controllate.

Stampato su carta HOLMEN con fibra vergine
proveniente da foreste sostenibili
www.holmen.com/paper

Stampato per conto della Casa editrice Einaudi
presso ELCOGRAF S.p.A. - Stabilimento di Cles (Tn)
nel mese di febbraio 2025

C.L. 25644

Edizione							Anno			
1	2	3	4	5	6		2025	2026	2027	2028